Welt der Zahl 2

Herausgegeben von
Prof. Dr. Hans-Dieter Rinkens
Kurt Hönisch
Gerhild Träger

Erarbeitet von
Nadine Binder, Kurt Hönisch,
Claudia Neuburg, Prof. Dr. Hans-Dieter Rinkens,
Dr. Thomas Rottmann, Michaela Schmitz, Gerhild Träger

Schroedel

Inhaltsverzeichnis

Themen		Kompetenzen
Wiederholung und Vertiefung	4 – 15	
Weißt du das noch? Kannst du das noch?	4 – 8	Zahlensätze des 1+1 und 1-1 festigen, Rechenstrategien anwenden
Kreative Aufgaben: Zahlenmauern	9	Addieren und Ergänzen im Zahlenraum bis 20 festigen, Problemlösen: Regeln erkennen und anwenden
Aufgabe und Umkehraufgabe	10	Zusammenhang von verwandten Aufgaben nutzen
Kreative Aufgaben: Minus-Trauben	11	Subtrahieren im Zahlenraum bis 20 festigen, Problemlösen: Regeln erkennen und anwenden
Sachrechnen	12 – 13	Modellieren: In Sachsituationen Fragen und Lösungen entwickeln
Uhrzeit	14 – 15	Sprech- und Schreibweisen bei Zeitangaben kennen und anwenden
Der Zahlenraum bis 100	16 – 27	
Zahlenreihe	16 – 17	In Einer- und Zehnerschritten vorwärts und rückwärts zählen
Bündeln	18 – 19	Prinzip der Zehnerbündelung verstehen
Hunderterkette	20 – 21	Darstellen: Struktur des Zehnersystems verstehen
Zahlenstrahl	22 – 23	Darstellen: Zahlen vergleichen, Zahlenfolgen fortsetzen
Immer dieselbe Zahl	24 – 25	Darstellen: Verschiedene Zahldarstellungen anwenden
Hundertertafel	26 – 27	Darstellen: Struktur der Hundertertafel verstehen
Addieren und Subtrahieren	28 – 45	
Addieren von Einern	28 – 31	Problemlösen und Kommunizieren: Eigene Rechenwege finden, beschreiben und anwenden, Aufgabenfolgen fortsetzen
Subtrahieren von Einern	32 – 34	
Ergänzen	35	Aufgaben mit Variation des Platzhalters lösen
Addieren und Subtrahieren von Zehnerzahlen	36 – 37	Rechenhilfen nutzen, Aufgabenfolgen fortsetzen
Mini-Projekt: Kaninchen	38 – 39	Sach- und Rechengeschichten bearbeiten
Übungen zum Addieren und Subtrahieren	40	Rechenstrategien festigen, Rechenvorteile nutzen
Kreative Aufgaben: Kugelbahn	41	Kettenaufgaben bearbeiten, Problemlösen und Argumentieren: Arithmetische Zusammenhänge erkennen
Rechnen mit Geld	42 – 43	Geldwerte kennen und benennen, mit Geldwerten rechnen
Rechen-Olympiade	44 – 45	Kenntnisse bewusst machen
Größen und Sachrechnen	46 – 53	
Längen	46 – 49	Grundeinheiten Meter und Zentimeter kennen und benennen
Sachrechnen	50 – 53	Modellieren: In Sachsituationen Fragen, Lösungen und Antworten entwickeln, Skizzen als Lösungshilfe nutzen
Multiplizieren und Dividieren	54 – 65	
Multiplizieren mit allen Sinnen	54 – 57	Modellieren: Grundvorstellungen des Multiplizierens entwickeln
Aufgabe und Tauschaufgabe	58	Kommutativgesetz erkennen, erklären und nutzen
Mal-Aufgaben mit der Null	59	Argumentieren: Multiplizieren mit der Null plausibel erklären
Einmal, zweimal, dreimal	60 – 61	Modellieren: Weitere Grundvorstellung des Multiplizierens entwickeln
Durch-Aufgaben	62 – 64	Modellieren: Grundvorstellungen des Dividierens entwickeln
Multiplizieren und Dividieren	65	Modellieren: Multiplizieren und Dividieren in Sachsituationen erfassen
Das Einmaleins	66 – 79	
Einmaleins mit 2	66 – 69	Einmaleins mit 2 in verschiedenen Darstellungen kennen
Einmaleins mit 10 und 5	70 – 71	Einmaleins mit 10 und 5 in ihrem Zusammenhang kennen
Sonnen-Aufgaben	72 – 73	Kern-Aufgaben des Einmaleins kennen, Nachbaraufgaben ableiten
Einmaleins mit 4, mit 3	74 – 77	Weitere Zahlensätze des Einmaleins kennen
Verwandte Aufgaben	78	Zusammenhang von verwandten Aufgaben kennen und nutzen
Übungen	79	Sach- und Rechengeschichten bearbeiten

Themen		Kompetenzen
Geometrische Grundformen	**80 – 85**	
Rechteck, Quadrat, Dreieck	80 – 81	Grundformen erkennen, benennen, beschreiben und herstellen
Geobrett	82 – 83	Formen am Geobrett herstellen, auf Karopapier freihand zeichnen
Zeichnen mit dem Lineal	84	Formen mit dem Lineal auf Karopapier konstruieren
Kreative Aufgaben: Figuren und Zahlen	85	Problemlösen: Geometrische Muster erkennen und fortsetzen, dazu die arithmetischen Muster erkennen und fortsetzen
Weiter im Einmaleins	**86 – 99**	
Quadratzahlen	86 – 87	Weitere Kern-Aufgaben des Einmaleins kennen
Einmaleins mit 6, mit 9, mit 8, mit 7	88 – 94	Weitere Zahlensätze des Einmaleins mit Umkehraufgabe kennen
Kreative Aufgaben: Kugelbahn	95	Rechnen im Zahlenraum bis 100, Problemlösen: Gesetzmäßigkeiten erkennen
Mini-Projekt: Bei den Indianern	96 – 97	Sach- und Rechengeschichten bearbeiten
Rechen-Olympiade	98 – 99	Kenntnisse bewusst machen
Körper	**100 – 103**	
Quader und Würfel	100 – 102	Körper benennen und beschreiben, Würfelgebäude herstellen
Wege	103	Sich in Wegeplänen orientieren
Weiter im Addieren und Subtrahieren	**104 – 113**	
Addieren und Subtrahieren zweistelliger Zahlen	104	Problemlösen und Kommunizieren: Eigene Wege gehen und beschreiben, Lösungswege anderer verstehen
Rechnen ohne Überschreiten	105 – 107	Rechenstrategien und Rechenhilfen kennen und nutzen
Addieren mit Überschreiten	108 – 109	Addieren im Zahlenraum bis 100 festigen
Subtrahieren mit Überschreiten	110 – 111	Subtrahieren im Zahlenraum bis 100 festigen
Rechen-Olympiade	112 – 113	Kenntnisse bewusst machen
Größen und Daten	**114 – 121**	
Zeitspannen	114 – 115	Sekunde, Minute und Stunde kennen, Zeitspannen berechnen
Kalender	116 – 117	Dem Kalender Daten entnehmen und einordnen
Strichliste und Schaubild	118 – 119	Modellieren: Daten sammeln und darstellen
Kombinieren	120	Problemlösen: Fragestellungen aus der Kombinatorik verstehen und lösen.
Miniprojekt: Jugendherberge	121	Modellieren: In Sachsituationen Fragen und Lösungen entwickeln
Rechennetzwerk bis 100	**122 – 127**	
Einmaleinsreihen in der Hundertertafel	122	Verwandtschaft der Einmaleinsreihen entdecken und beschreiben
Verdoppeln und Halbieren	123	Zweistellige Zahlen verdoppeln und halbieren
Ergänzen	124 – 125	Rechenstrategien erkennen und anwenden
Dividieren mit Rest	126	Mathematische Zeichen sachgerecht verwenden
Kreative Aufgaben: Malifant	127	Grundrechenarten miteinander verbinden, Problemlösen: Arithmetische Zusammenhänge erkennen
Formen und Symmetrien	**128 – 133**	
Symmetrische Figuren	128 – 131	Achsensymmetrische Figuren erkennen und erzeugen
Figuren legen	132 – 133	Figuren auslegen, nachlegen und vergleichen
Bausteine des Wissens und Könnens	**134 – 135**	
Zahlen ABC	**136**	

Inhaltsbezogene Kompetenzen

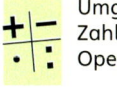 Umgang mit Zahlen und Operationen

 Umgang mit Raum und Form

 Messen und Umgang mit Größen

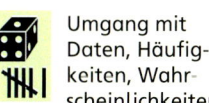 Umgang mit Daten, Häufigkeiten, Wahrscheinlichkeiten

Wiederholung und Vertiefung

Hallo, wie schön, dass wir uns alle wiederseh'n. Ein neues Schuljahr fängt mal wieder an …

1
10 + 2 = 12 G
13 − 2 = ___ ___
3 + 3 = ___ ___
7 − 2 = ___ ___
20 + 1 = ___ ___
5 − 4 = ___ ___
10 − 5 = ___ ___
7 + 3 = ___ ___
2 + 2 = ___ ___
9 − 6 = ___ ___
5 + 5 = ___ ___
20 − 1 = ___ ___

2
4 + 4 = ___
___ Ü
10 + 1 = ___
16 + 1 = ___
9 − 4 = ___
10 − 4 = ___

0	1	2	3	4	5	6	7	8	9	10
B	H	O	A	L	E	I	S	T	M	N

4
15 + 2 = ___ ___
13 − 2 = ___ ___
16 + 2 = ___ ___
14 − 4 = ___ ___
19 − 2 = ___ ___
13 + 3 = ___ ___
15 − 5 = ___ ___
10 − 9 = ___ ___
10 − 7 = ___ ___
17 + 3 = ___ ___
11 + 3 = ___ ___

5
8 − 8 = ___ ___
13 + 5 = ___ ___
21 + 1 = ___ ___
12 + 5 = ___ ___
10 − 8 = ___ ___
16 − 6 = ___ ___

3
20 − 1 − 1 = ___ ___
12 − 2 − 1 = ___ ___
11 − 1 − 5 = ___ ___
6 + 4 + 1 = ___ ___
15 − 5 − 4 = ___ ___
9 + 1 + 7 = ___ ___
21 − 1 − 2 = ___ ___

6
5 + 5 + 8 = ___ ___
10 − 3 − 7 = ___ ___
8 + 2 + 6 = ___ ___
19 − 9 − 0 = ___ ___
5 + 5 + 5 = ___ ___
4 + 6 + 6 = ___ ___
10 + 3 + 7 = ___ ___
3 + 7 + 6 = ___ ___
1 + 9 + 1 = ___ ___

Weißt du das noch?

1 Nachbarzahlen

a)

V	Zahl	N
	9	
	3	
	6	
		5

b)

V	Zahl	N
	11	
	17	
12		
	20	

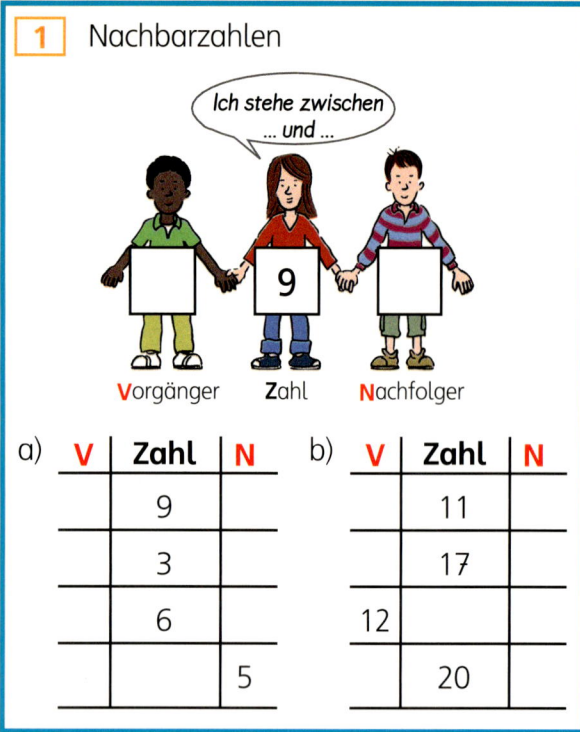

2 Zahlen bis 20 vergleichen

4 < 6 4 ist kleiner als 6 **6 > 4** 6 ist größer als 4

1	0	<	1	4		

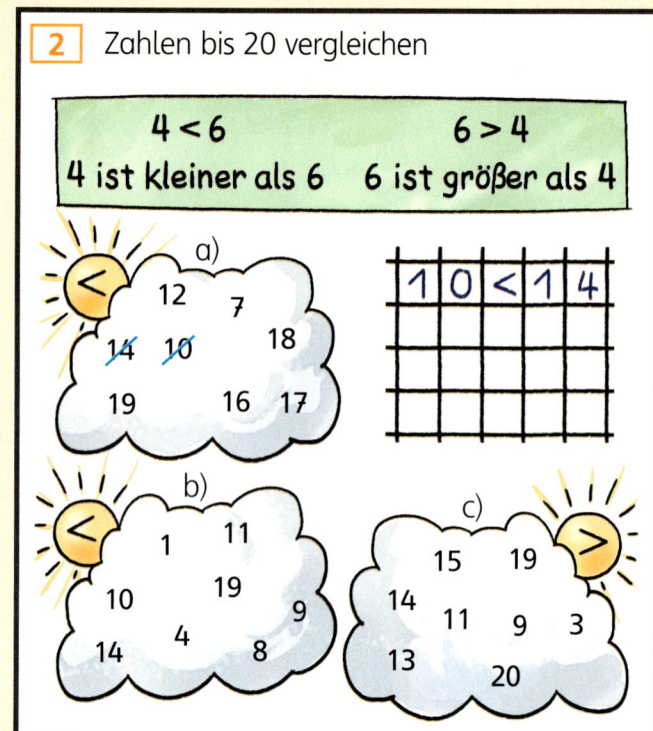

3 Zahlzerlegungen bis 10

a) **5**

0 + 5
1 +
2 +
3 +
4 +
5 +

b) **10**

Partner-zahlen

0 +
1 +
2 +
3 +
4 +
5 +

c) **7**

0 +

d) **12**

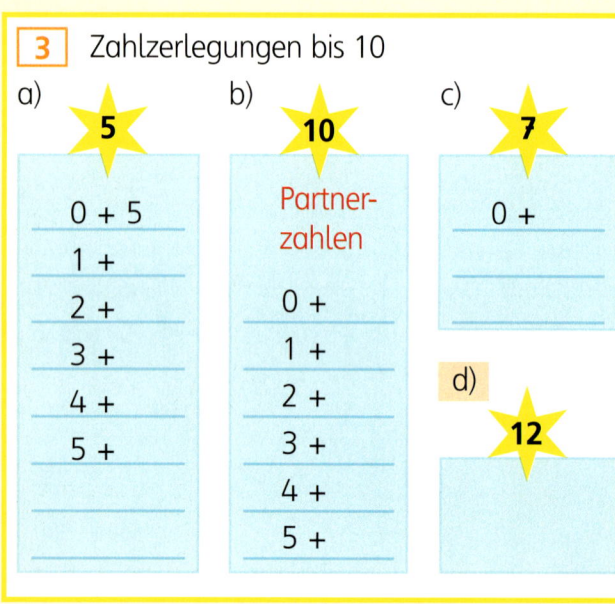

4 Plus- und Minus-Aufgaben bis 10 auswendig

a)	b)	c)
1 + 7	3 + 4	0 + 4
3 + 6	8 + 1	6 + 4
4 + 5	2 + 6	3 + 5
2 + 3	7 + 2	4 + 6

d)	e)	f)
9 – 4	10 – 3	10 – 0
8 – 2	6 – 4	7 – 7
7 – 6	4 – 3	10 – 8
5 – 5	8 – 7	9 – 6

5 Verdoppeln und halbieren

a)

1 + 1 = ___	3 + 3 = ___
9 + 9 = ___	4 + 4 = ___
2 + 2 = ___	6 + 6 = ___
5 + 5 = ___	7 + 7 = ___
8 + 8 = ___	10 + 10 = ___

b) Verdoppeln ↓ ↑ Halbieren

2	3			6	7	8		
4		8	10				18	20

c) Das sind **gerade** Zahlen.
Ich kann sie halbieren.
2, 4, ___, ___, ___, ___, ___, ___

2 Zwei Zahlen wählen (durchstreichen) und vergleichen.

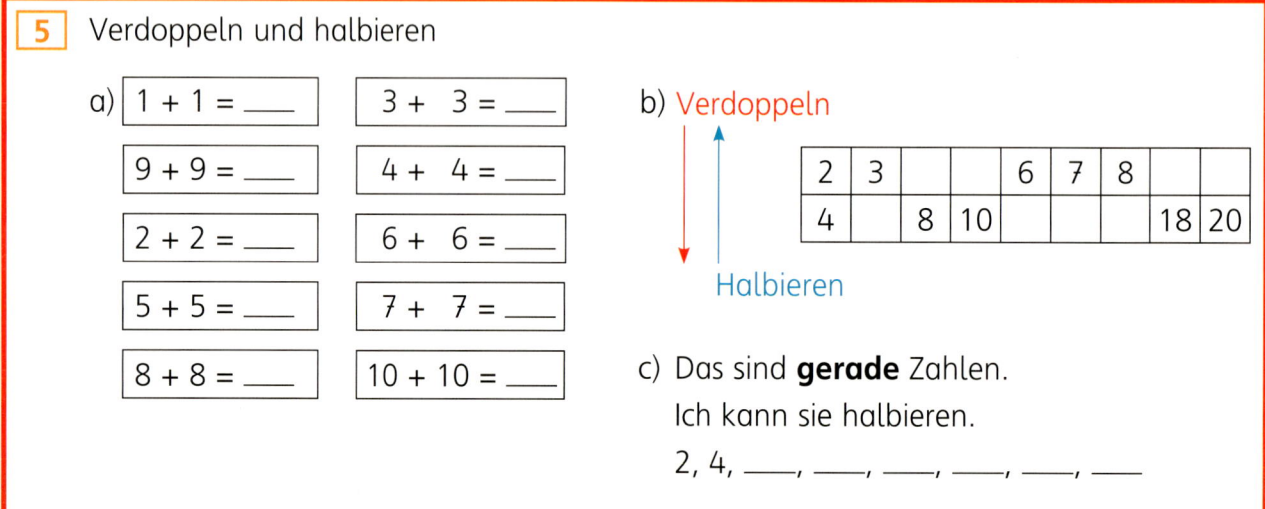

Kannst du das noch?

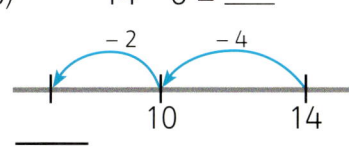

1 In Schritten über die 10

a) 8 + 5 = ___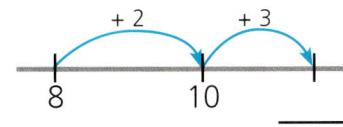

b) 14 − 6 = ___

Erst bis 10, dann weiter.

2 a) 6 + 7   b) 4 + 9   c) 11 − 9   d) 12 − 5
    7 + 9   6 + 8   12 − 7   15 − 6
    8 + 6   7 + 4   14 − 8   16 − 9
    5 + 8   8 + 7   13 − 7   15 − 8

3 a) 12 + 4 = ___
    2 + 4 = ___
    13 + 6 = ___
    _____
    14 + 5 = ___
    _____

Helferaufgaben im 1. Zehner nutzen

b) 16 − 4 = ___   c) 18 − 7 = ___
    _____   _____
    15 − 3 = ___   19 − 4 = ___
    _____   _____
    17 − 6 = ___   18 − 3 = ___
    _____   _____

4 Ergänzen über die 10 hinweg

a) 7 + ___ = 15

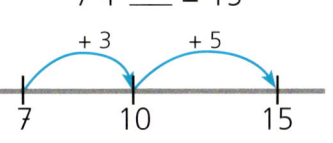

7 + ___ = 15   6 + ___ = 14
8 + ___ = 13   7 + ___ = 11
8 + ___ = 17   5 + ___ = 13

b) 14 − ___ = 8

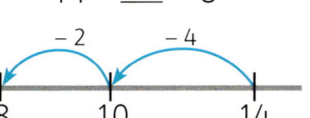

14 − ___ = 8   13 − ___ = 6
11 − ___ = 8   15 − ___ = 7
12 − ___ = 5   13 − ___ = 4

5 a) 9 + 3   b) 8 + 6   c) 12 − 6   d) 14 + 3   e) 13 − 8
    9 − 3   8 − 6   12 + 6   14 − 3   13 + 8

6 a) 9 + 7   b) 8 − 4   c) 12 + 8   d) 14 − 5   e) 13 − 9
    9 − 7   8 + 4   12 − 8   14 + 5   13 + 9

7 Schreibe immer sechs Aufgaben, drei Plus-Aufgaben und drei Minus-Aufgaben.

a) Das Ergebnis ist 13.

b) Das Ergebnis ist eine ungerade Zahl.

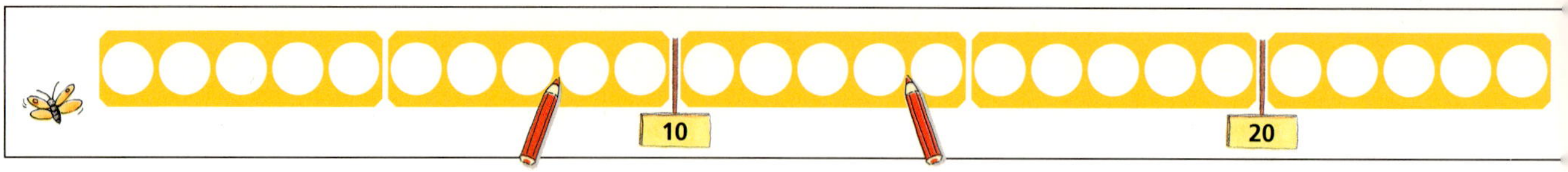

Rechnen bis 20

1 Setze die Aufgabenfolge fort. Schreibe zwei weitere Aufgaben dazu.

a) 8 + 6
8 + 7
8 + 8

b) 5 + 6
5 + 7
5 + 8

c) 9 + 4
9 + 5
9 + 6

d) 12 + 3
12 + 4
12 + 5

Immer zwei Aufgaben ergänzen.

2
a) 14 − 6
14 − 7
14 − 8

b) 11 − 6
11 − 7
11 − 8

c) 13 − 4
13 − 5
13 − 6

d) 15 − 3
15 − 4
15 − 5

e) 21 − 2
21 − 3
21 − 4

3
a) 6 + 4 + 3
6 + 7 + 4
4 + 9 + 6
9 + 7 + 1

b) 7 + 3 + 2
7 + 8 + 3
3 + 7 + 5
5 + 8 + 5

c) 16 − 8 − 6
13 − 5 − 3
12 − 2 − 8
11 − 8 − 3

d) 15 − 7 − 5
17 − 9 − 7
11 − 9 − 1
14 − 3 − 4

e) 19 − 9 − 3
14 − 7 − 4
16 − 7 − 6
17 − 7 − 9

4

a) − 4

18	14
14	10
12	
19	

b) − 6

11	
12	
15	
13	

c) − 7

18	
14	
11	
15	

5

a) + 5

4	
6	
13	
11	

b) + 9

3	
9	
	19
	16

c) + 3

5	
	18
	14
	12

d) + 7

7	
	15
13	
	18

e) + 11

	12
10	
	31
0	

6

a)
9 €   8 €
Summe: ___ €

b)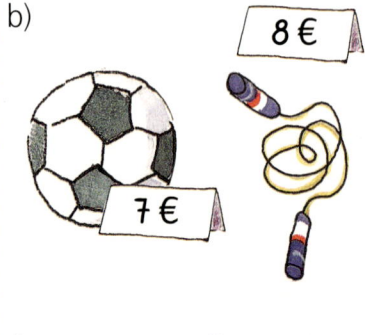
8 €
7 €
Summe: ___ €

c)
6 €   4 €   3 €
Summe: ___ €

1, **2** Starke Aufgaben: Gesetzmäßigkeiten erkennen und Aufgabenfolge fortsetzen.

Aufgabe und Umkehraufgabe

1

Plumino
Drei Zahlen im Kopf,
vier Aufgaben im Bauch:
Zwei Plus-Aufgaben
Zwei Minus-Aufgaben

8 + 5 = 13
5 + 8 = 13
13 – 5 = 8
13 – 8 = 5

2 Diesmal sind nur die kleinen Pluminos zum Fest eingeladen.
Wer darf kommen? Male und rechne. Findest du zehn Pluminos?

3 Familienfest der Plumino-Familie 12.
Alle haben eine 12 im Mund.
Wer kommt zum Fest. Male und rechne.

Wir sind sieben Pluminos.

4 Familienfest der Plumino-Familie 15. Alle haben eine 15 im Munde.
Wer kommt? Male und rechne. Findest du alle Pluminos?

5

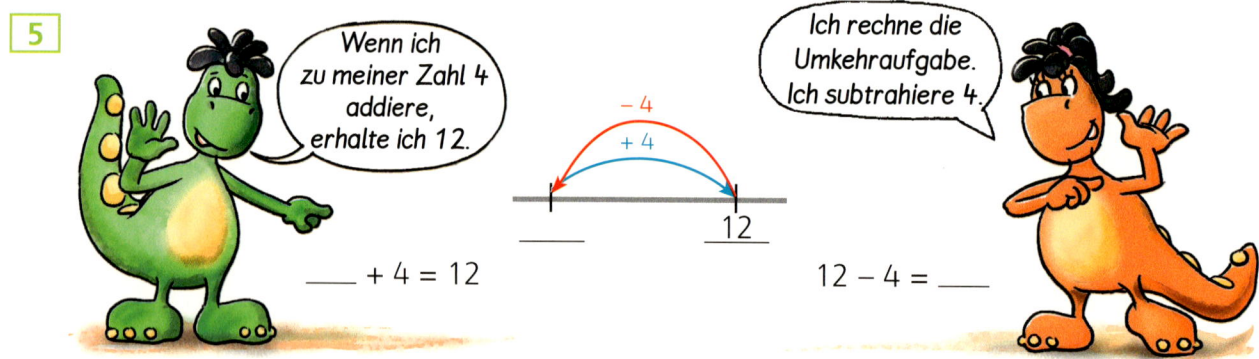

Wenn ich zu meiner Zahl 4 addiere, erhalte ich 12.

Ich rechne die Umkehraufgabe. Ich subtrahiere 4.

___ + 4 = 12   12 – 4 = ___

6 Welche Zahl ist es?

a) Wenn ich zu meiner Zahl 4 addiere, erhalte ich die Summe 18.

b) Wenn ich von meiner Zahl die Zahl 6 subtrahiere, erhalte ich die Zahl 11.

c) Wenn ich zu meiner Zahl die Zahl 7 addiere, erhalte ich die Summe 14.

d) Wenn ich von meiner Zahl 9 subtrahiere, erhalte ich die Zahl 8.

7 Löse mit der Umkehraufgabe am Rechenstrich.

a) ___ + 3 = 17   b) ___ + 5 = 17   c) ___ – 6 = 14   d) ___ – 8 = 8
   ___ + 4 = 15   ___ + 7 = 19   ___ – 3 = 13   ___ – 8 = 9
   ___ + 6 = 18   ___ + 6 = 20   ___ – 4 = 14   ___ – 6 = 7

Sachrechnen

1. Im Becken sind sieben Kinder. Es kommen noch ___ Kinder hinzu.

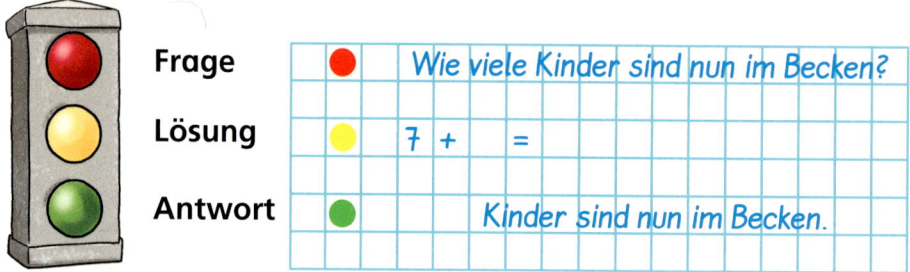

Frage	●	Wie viele Kinder sind nun im Becken?								
Lösung	●	7	+		=					
Antwort	●			Kinder sind nun im Becken.						

2. Auf der Wiese sind ___ Kinder. Es kommen noch ___ Kinder hinzu.

3. Im Sandkasten sind ___ Kinder. Es kommen noch ___ Kinder hinzu.

4. Am Beckenrand liegen ___ rote und ___ blaue Reifen. Wie viele Reifen sind es zusammen?

5. Am Kiosk gibt es 11 große und fünf kleine Lutscher.

6. Vor der Kasse stehen 13 Personen. Es kommen noch sieben Personen hinzu.

1. Vorher waren sechs Kinder im Planschbecken. ___ Kinder gehen weg.

F	Wie viele Kinder sind noch im Planschbecken?
L	6 – ___ =
A	___ Kinder sind nun im Planschbecken.

2. Vorher waren ___ Kinder an der Rutsche. ___ Kinder gehen weg.

3. Vorher waren es ___ Ballons. ___ Ballons fliegen weg.

4. Es waren ___ Kegel. ___ Kegel fallen um. Wie viele Kegel stehen noch?

5. Es waren ___ Dosen. ___ Dosen fallen um.

6. Gestern waren 20 Kinder im Schwimmbad. 10 Kinder waren Jungen.

Schreibe eigene Rechengeschichten.

Uhrzeit

1 Wie viel Uhr ist es? Schreibe beide Möglichkeiten auf.

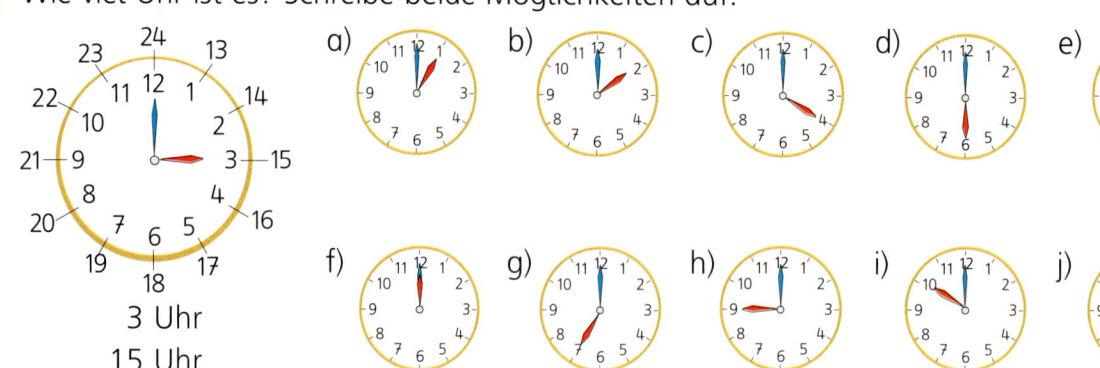

3 Uhr
15 Uhr

2

am Vormittag
halb 10
9.30 Uhr

am Nachmittag
halb 4
_____

Eine Stunde hat 60 Minuten.

Eine halbe Stunde hat ____ Minuten.

3 Was macht Leon gerade? Ist es am Vormittag, am Mittag, am Nachmittag oder am Abend? Wie viel Uhr ist es? Schreibe wie in Aufgabe 2.

a)    b)    c)

4 Stelle auf deiner Spieluhr ein und schreibe.

a) 12.30 Uhr   9.30 Uhr   11.30 Uhr
b) 20.30 Uhr   8.30 Uhr   19.30 Uhr
c) 5.30 Uhr   18.30 Uhr   23.30 Uhr

a)	1	2	.	3	0	Uhr		9	.	3	0	Uhr
		halb	1									

5 Wie viel Uhr ist es? Schreibe alle drei Möglichkeiten auf.

a)	7	.	3	0	Uhr
	1	9	.	3	0	Uhr
	halb	8			

6 Stelle auf deiner Spieluhr eigene Uhrzeiten ein. Deine Nachbarin liest sie ab.

1

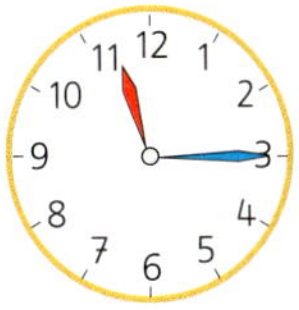

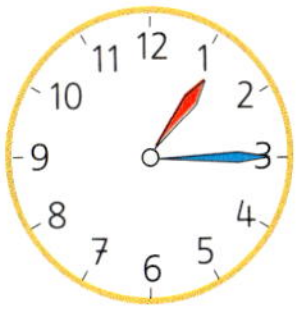

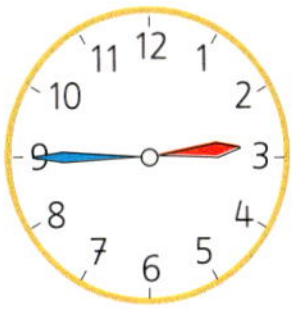

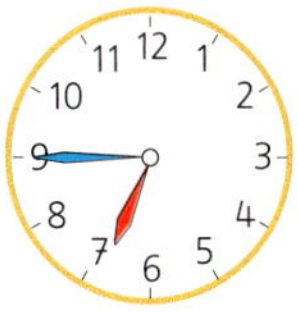

a) Am Vormittag
Schule
Viertel nach 11
11.15 Uhr

b) Am Mittag
Essen
Viertel nach ___
_____ Uhr

c) Am Nachmittag
Sport
Viertel vor 3
14.45 Uhr

d) Am Abend
Lesen
_____
_____

2 Was machst du zu dieser Uhrzeit? Schreibe die passende Uhrzeit auf.

a) 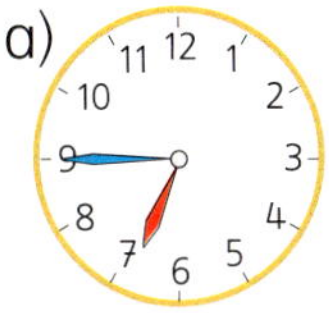 Aufstehen — Viertel vor 7 — 6.45 Uhr

b) 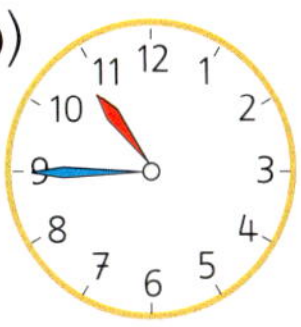   c) 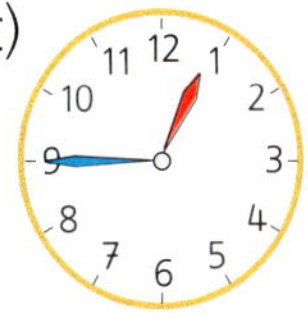   d)

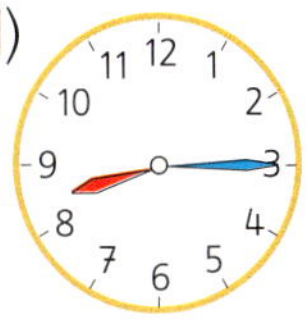

3 Stelle auf deiner Spieluhr ein und schreibe.

a) 12.15 Uhr   19.15 Uhr   4.15 Uhr
b) 7.45 Uhr   17.45 Uhr   20.45 Uhr
c) 15.45 Uhr   9.15 Uhr   8.45 Uhr

a) 12.15 Uhr   19.15
   Viertel nach 12

4 Stelle auf deiner Spieluhr ein. Dein Nachbar liest die Uhrzeit ab und schreibt alle drei Möglichkeiten auf. Nach jedem Päckchen wird gewechselt.

a) Viertel nach 8   Viertel nach 12   Viertel nach 3
b) Viertel nach 10   Viertel nach 5   Viertel nach 11
c) Viertel vor 12   Viertel vor 7   Viertel vor 6

a) Viertel nach 8
   8.15 Uhr
   20.15 Uhr

5 Stelle auf deiner Spieluhr eigene Uhrzeiten ein. Deine Nachbarin liest sie ab und schreibt alle drei Möglichkeiten auf.

6 Die Pause beginnt um Viertel nach 11. Sie dauert eine Viertelstunde. Wann endet sie?

7 Die Pause beginnt um Viertel nach 9. Sie dauert eine halbe Stunde. Wann endet sie?

8 Stelle zuerst die Uhrzeit ein, dann die Uhrzeit eine halbe Stunde später. Wie viel Uhr ist es dann?

a) 15.00 Uhr   b) 16.30 Uhr   c) 12.15 Uhr   d) 13.45 Uhr   e) 23.45 Uhr

9 Wer hat Recht?

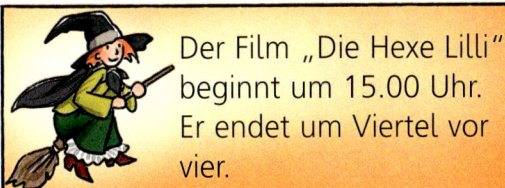
Der Film „Die Hexe Lilli" beginnt um 15.00 Uhr. Er endet um Viertel vor vier.

Der Film dauert 45 Minuten.

Der Film dauert eine Dreiviertelstunde.

Der Zahlenraum bis 100

1 Welches ist dein Lieblingstier? Besuche es. Starte am EINGANG NORD. Zähle jeden Schritt mit.

2 Auf welche Zahlenfelder kommen die Kinder auf ihrem Weg im Zoo?

a) Anne — *Ich gehe von den Affen zu den Bären.*
a) 2 0, 2 1, 2 2, ☐ ☐ ☐

b) Alex — *Von den Löwen zu den Papageien.*

c) Kira — *Von den Giraffen zu den Kängurus.*

d) Dario — *Von den Elefanten nach Hause durch den EINGANG SÜD.*

3 Wie geht es weiter?
a) 17 18 19 ◯ ◯ ◯ ◯ ◯ ◯ 26
b) 47 48 ◯ ◯ ◯ ◯ ◯ ◯ ◯ 56

4 Große Schritte. Wie geht es weiter?
a) 10 20 30 ◯ ◯ ◯ ◯ ◯ ◯ 100
b) 5 10 15 ◯ ◯ ◯ ◯ ◯ ◯ 50

18 Bündeln

1 a)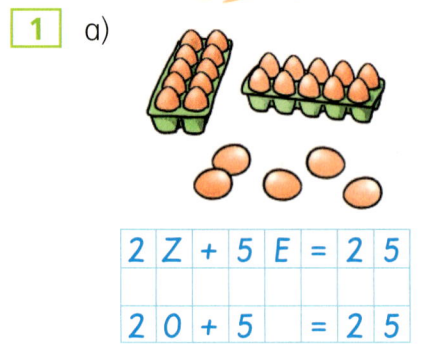

2	Z	+	5	E	=	2	5
2	0	+	5		=	2	5

b)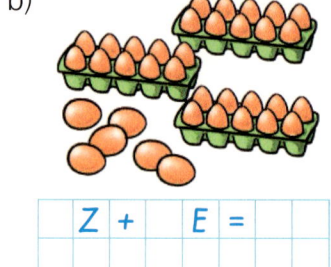

	Z	+		E	=		
		+			=		

c)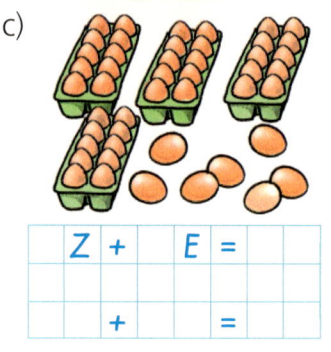

	Z	+		E	=		
		+			=		

2 a)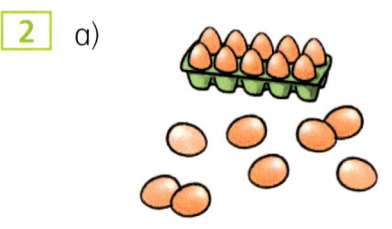

___ Z + ___ E = ___
____ + ____ = ___

b)

___ Z + ___ E = ___
____ + ____ = ___

c)

___ Z + ___ E = ___
____ + ____ = ___

3 a)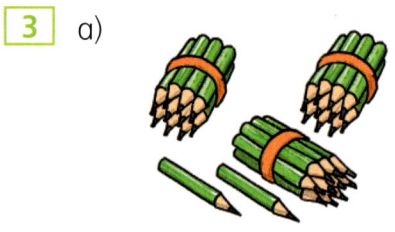

___ Z + ___ E = ___
____ + ____ = ___

b)

___ Z + ___ E = ___
____ + ____ = ___

c)

___ Z + ___ E = ___
____ + ____ = ___

4 a)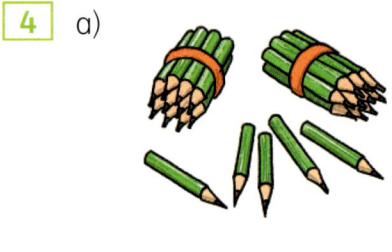

___ Z + ___ E = ___
____ + ____ = ___

b)

___ Z + ___ E = ___
____ + ____ = ___

c)

___ Z + ___ E = ___
____ + ____ = ___

1  **2**

3 a)

a)	2	Z	+	1	E	=		
		2	0	+	1		=	
b)		Z						

b)

4 a) ⬤⬤⬤⬤⬤ ⬤⬤⬤⬤⬤   ⬤⬤⬤⬤⬤ ⬤⬤⬤⬤⬤   ⬤⬤⬤⬤⬤ ⬤⬤⬤⬤⬤ • • •

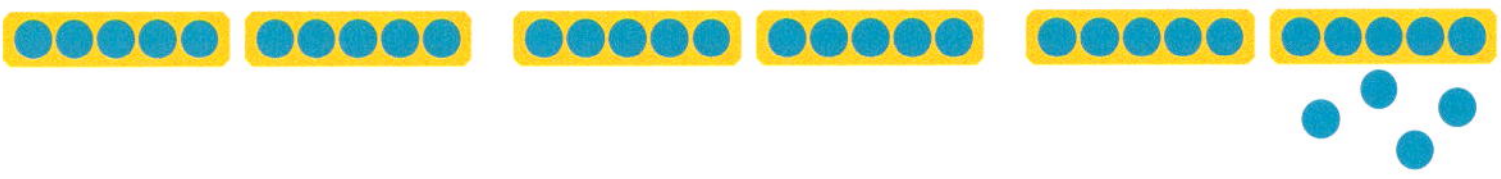

___ Z + ___ E = ___

___ + ___ = ___

b) ⬤⬤⬤⬤⬤   ⬤⬤⬤⬤⬤ ⬤⬤⬤⬤⬤   ⬤⬤⬤⬤⬤ ⬤⬤⬤⬤⬤ • •

___ Z + ___ E = ___

___ + ___ = ___

5

a)	5	Z	+	4	E	=	5	4
	5	0	+	4		=	5	4

a) 5 Z + 4 E   b) 4 Z + 8 E   c) 6 Z + 6 E   d) 0 Z + 5 E

e) 2 Z + 6 E   f) 1 Z + 9 E   g) 7 Z + 0 E   h) 10 Z + 0 E

6

a)	3	7	=	3	Z	+	7	E
	3	7	=	3	0	+	7	

a) 37   b) 45   c) 71   d) 62   e) 59

f) 46   g) 64   h) 80   i) 38   j) 83

7 a) 50 + 4 / 50 + 5 / 50 + 6   b) 30 + 3 / 40 + 3 / 50 + 3   c) 20 + 3 / 30 + 4 / 40 + 5   d) 5 + 50 / 5 + 60 / 5 + 70   e) 6 + 10 / 7 + 20 / 8 + 30

8 Viele Rechenschiffe. Zahline hat Stifte gelegt. Welche Zahlen zeigen sie?

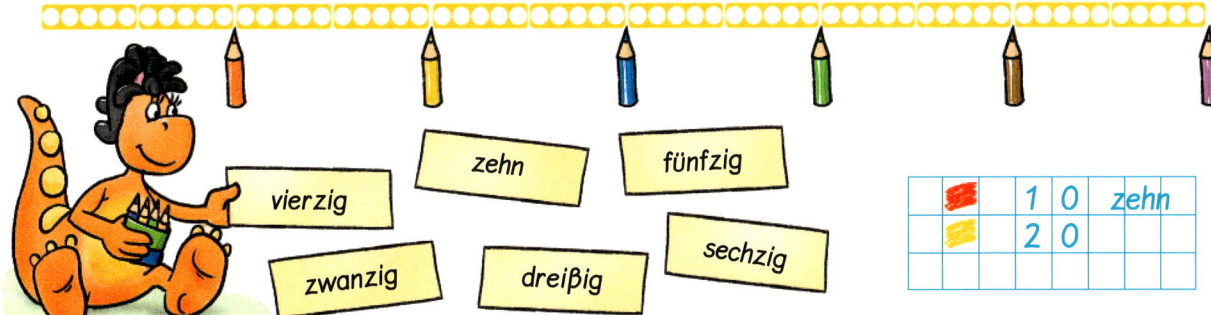

zehn   fünfzig   vierzig   zwanzig   dreißig   sechzig

🟥	1	0	zehn
🟨	2	0	

7 Starke Aufgaben: Gesetzmäßigkeiten erkennen und Aufgabenfolge fortsetzen.

Hunderterkette

1 Zähle und zeige mit deinem Stift in Zehnerschritten
 a) vorwärts: 10, 20, ..., 100   b) rückwärts: 100, 90, ..., 10

2 Welche Zehnerzahl zeigen die Kinder?

a) *Mein Stift liegt zwischen 20 und 40.*
b) *Mein Stift liegt zwischen 60 und 80.*
c) *Mein Stift liegt auf der Zehnerzahl vor der 100.*
d) *Mein Stift zeigt die Hälfte von 100 an.*

 Tom    Sina    Robin    Mona

e) Denke dir selbst solch eine Geschichte aus.

3 Zeige wie Zahlix mit zwei Stiften und addiere.

a) 40 + 20   b) 20 + 30   c) 30 + 30
   40 + 40   20 + 50   40 + 40
   40 + 60   20 + 20   50 + 50

40 + 20 = 60
60 − 20 = 40

4 Zeige auch Minus-Aufgaben und subtrahiere.

a) 60 − 20   b) 100 − 40   c) 40 − 20
   60 − 30   100 − 70   90 − 30
   60 − 60   100 − 50   80 − 40

5 Jedes Kind hat zwei Stifte.
Es zeigt eine Plus- und eine Minus-Aufgabe. Welche?

a) *Ein Stift liegt auf der 20, der andere auf der 50.*
b) *Ein Stift auf der 40, der andere auf der 90.*
c) *Ein Stift auf der 30, der andere auf der Zahl die doppelt so groß ist.*
d) *Ein Stift auf der 80, der andere auf der Zahl die halb so groß ist.*

 Alex   Lea    Kaja    Markus

20 + 30 = 50
50 − 30 = 20

e) Denke dir selbst solch eine Geschichte aus.

63
64
65
60
sechzig
70
siebzig

80
achtzig
90
neunzig
100
einhundert

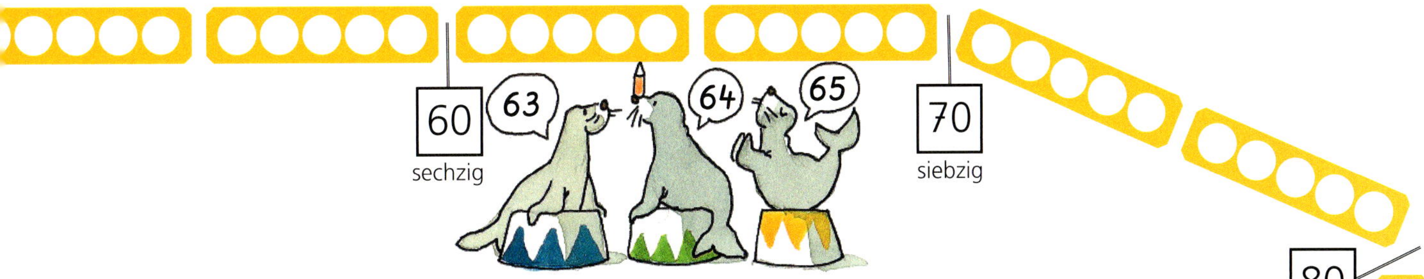

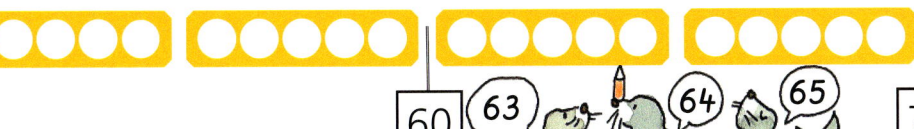

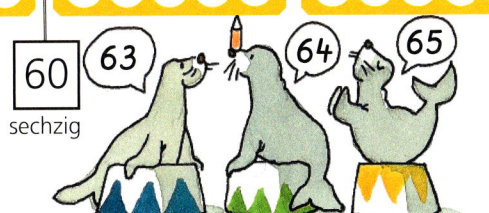

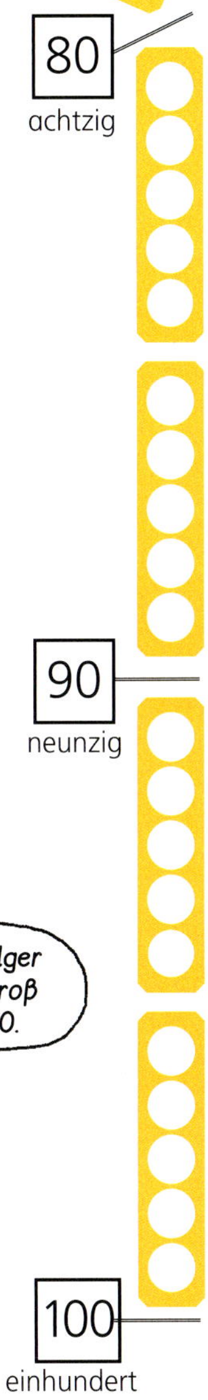

1 Welche Zahlen liegen dazwischen? Zähle und zeige mit einem Stift.

a) Zwischen 60 und 70
b) Zwischen 30 und 40
c) Zwischen 50 und 60
d) Zwischen 90 und 100
e) Zwischen 40 und 50
f) Zwischen 70 und 80

2 Schreibe die Zahlen mit ihren Nachbarn auf:
Vorgänger und **N**achfolger.

a)	b)	c)	d)	e)	f)
74	81	37	89	27	16
48	47	84	1	41	78
35	66	49	55	98	100

a)		V		Zahl			N	
	7	3		7	4		7	5
				4	8			

3 Seelöwen-Rätsel. Welche Zahl ist es?

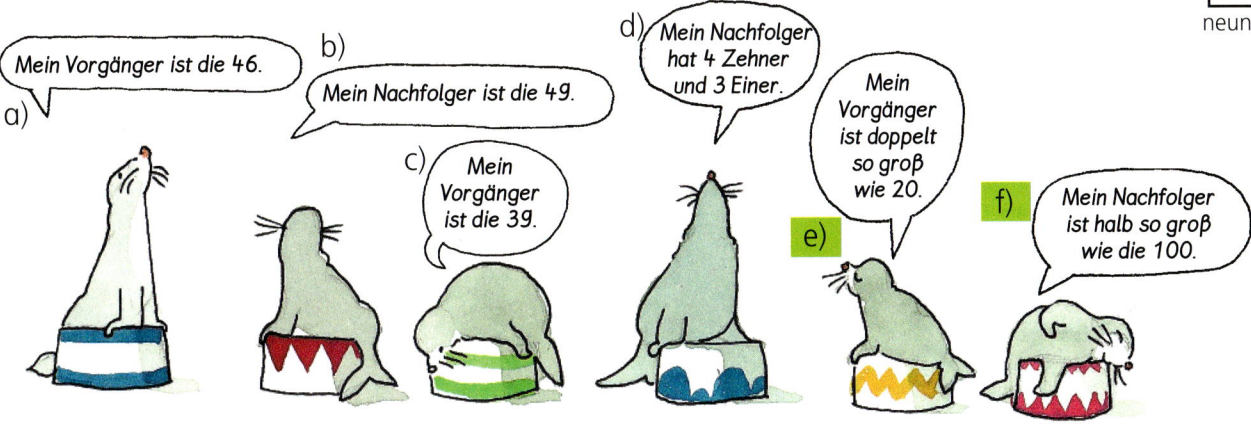

a)
Mein Vorgänger ist die 46.
b)
Mein Nachfolger ist die 49.
c)
Mein Vorgänger ist die 39.
d)
Mein Nachfolger hat 4 Zehner und 3 Einer.
e)
Mein Vorgänger ist doppelt so groß wie 20.
f)
Mein Nachfolger ist halb so groß wie die 100.

____ ____ ____ ____ ____ ____

4 Zeige die Zahl mit deinem Stift. Wie heißen die benachbarten Zehnerzahlen?

a) □ 74 □
□ 48 □
□ 35 □

a)	7	0		7	4		8	0
				4	8			

b) □ 54 □
□ 37 □
□ 29 □

c) □ 73 □
□ 82 □
□ 97 □

5 Vor und zurück zur benachbarten Zehnerzahl.
Schreibe immer zwei Aufgaben.

a) 76 + ____ = 80
76 – ____ = 70

b) 34 + ____ = ____
34 – ____ = ____

c) 43 + ____ = ____
43 – ____ = ____

a)	7	6	+	4	=	8	0	
	7	6	–					

6 a) 85 + ____ = ____
85 – ____ = ____

b) 58 + ____ = ____
58 – ____ = ____

c) 62 + ____ = ____
62 – ____ = ____

d) 97 + ____ = ____
97 – ____ = ____

7 Vor und zurück zur benachbarten Zehnerzahl. Schreibe wie in Aufgabe 5.

a) 59 b) 21 c) 47 d) 66 e) 92

Zahlenstrahl

1 Welche Zahlen werden hier gezeigt? Schreibe auf: A = 5   B = ___

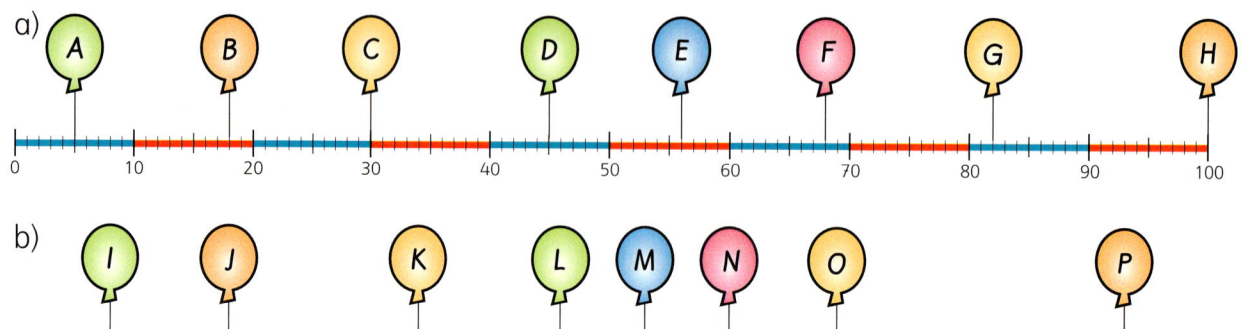

2 Zahlenrätsel: Welche Zahlen sind gemeint?

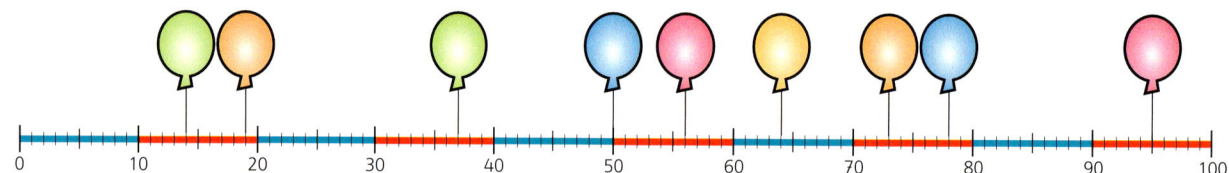

a) Meine Zahl ist größer als 90.
b) Meine Zahl ist kleiner als 50 und größer als 30.
c) Meine Zahl ist eine Zehnerzahl.
d) Meine Zahl liegt zwischen 60 und 70.
e) Meine Zahl ist um 4 kleiner als 60.
f) Meine Zahl ist um 8 größer als 70.
g) Meine Zahl ist halb so groß wie 38.
h) Meine Zahl ist kleiner als 20 und gerade.
i) Meine Zahl liegt zwischen 70 und 80 und ist ungerade.

3 Nach rechts werden die Zahlen am Zahlenstrahl immer größer, nach links werden die Zahlen immer kleiner. Zeige die Zahlen, dann setze ein: < , >

a) 30 ○ 19   b) 34 ○ 43   c) 36 ○ 63   d) 46 ○ 64
   57 ○ 47   45 ○ 14   31 ○ 13   45 ○ 54
   28 ○ 32   71 ○ 56   87 ○ 78   91 ○ 19
   74 ○ 89   62 ○ 37   52 ○ 25   69 ○ 96

4

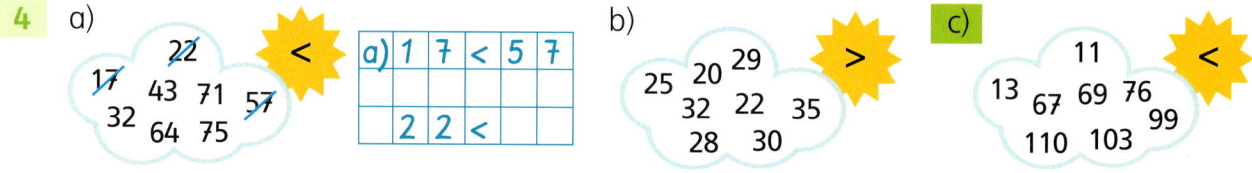

5 Zeige die Zahlen und ordne sie nach der Größe. Beginne mit der kleinsten Zahl.
a) 18, 5, 37, 54, 46, 80
b) 51, 28, 17, 46, 87, 69
c) 70, 38, 73, 17, 77, 57
d) 91, 19, 67, 76, 43, 34

1 Aufgepasst! Welche Zahlen werden hier gezeigt?

a)

b)

2 Wie geht es weiter? Zeige am Zahlenstrahl und schreibe die Zahlen auf. Wie viele Sprünge sind es bis zum Ziel?

a) | 2, | 4, | 6, | 8, |

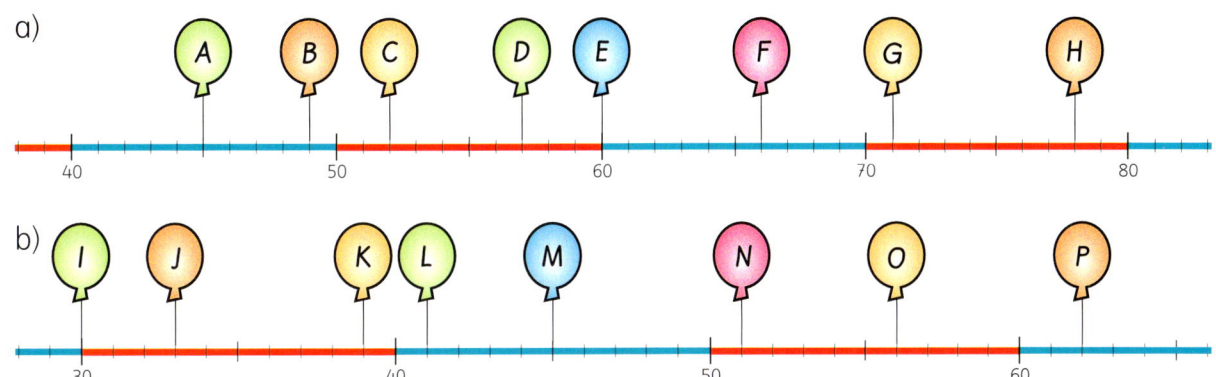

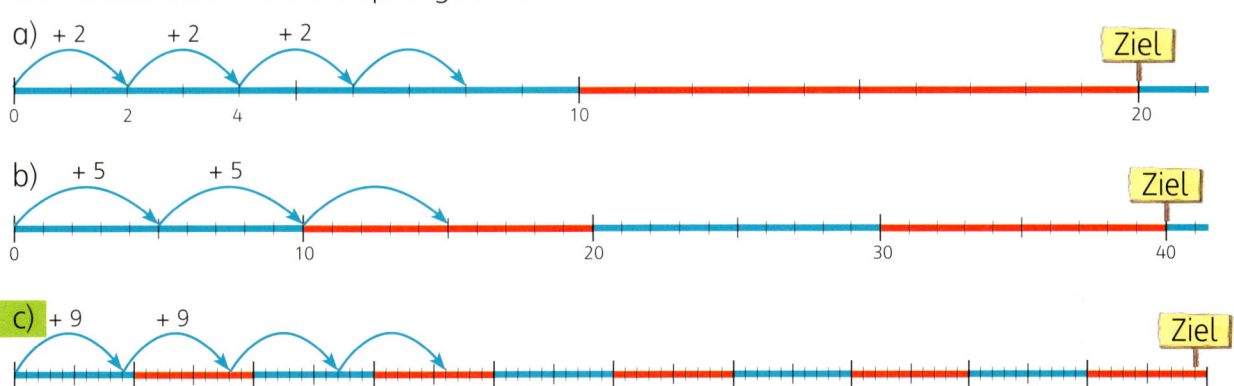

3 Rechne nach der Regel. Schreibe noch fünf Zahlen dazu.
a) Immer + 4: 60, 64, ... b) Immer + 6: 30, 36, ... c) Immer − 7: 70, 63, ...

4 Wie geht es weiter? Schreibe noch fünf Zahlen dazu.
a) 20, 24, 28, ... b) 60, 57, 54, ... c) 8, 16, 24, ... d) 80, 76, 72, ...

5 Das sind gerade Zahlen. Schreibe die nächsten fünf geraden Zahlen dazu.
a) 0, 2, 4, 6, ... b) 20, 22, 24, ... c) 50, 52, 54, ... d) 74, 76, 78, ...

6 Das sind ungerade Zahlen. Schreibe die nächsten fünf ungeraden Zahlen dazu.
a) 1, 3, 5, 7, ... b) 21, 23, 25, ... c) 51, 53, 55, ... d) 75, 77, 79, ...

7 a) Schreibe zuerst alle geraden Zahlen auf, dann alle ungeraden Zahlen.
14   19   25   38   41   44   50   52   67   76   93   91

b) Was fällt dir auf?
Eine Zahl ist gerade, wenn die letzte Ziffer _____ ist.
Eine Zahl ist ungerade, wenn die letzte Ziffer _____ ist.

Hunderterfeld und Geheimschrift

1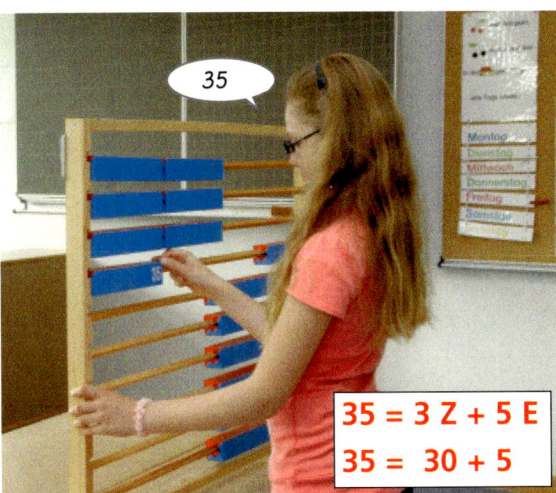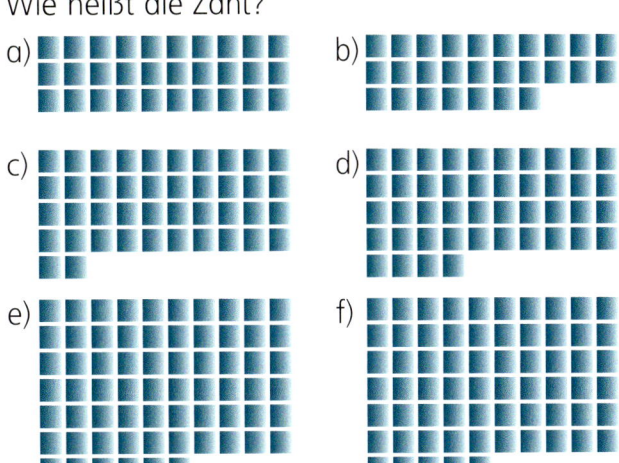

Wie heißt die Zahl?

a) b)

c) d)

e) f)

35 = 3 Z + 5 E
35 = 30 + 5

2 Kannst du Zahlines Geheimschrift lesen? Wie heißen die Zahlen?

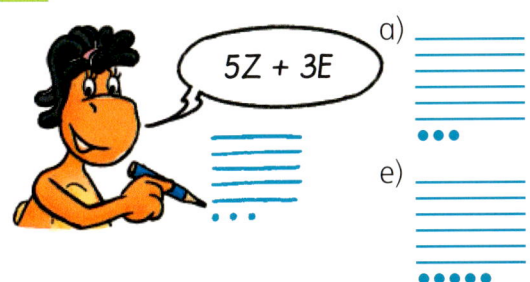

5Z + 3E

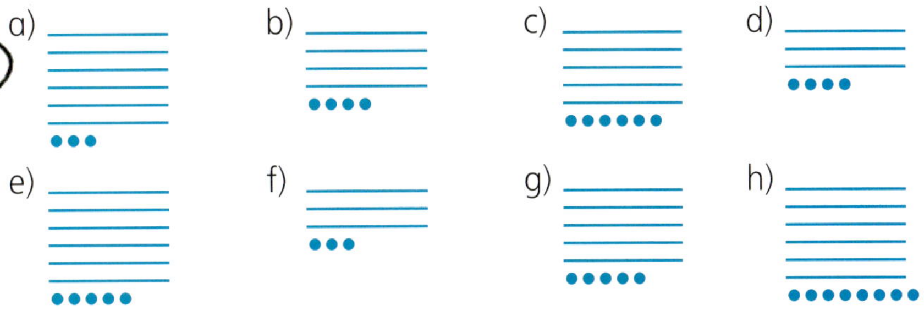

a) b) c) d)

e) f) g) h)

3 Wie heißen die Zahlen? Zeichne und schreibe in dein Heft.

a) b) c) d) e)

4 Zeichne fünf Zahlen in Geheimschrift. Dein Nachbar schreibt die Zahlen dazu.

5 Zeichne in Geheimschrift und schreibe die Zahlen dazu.

a) dreiundzwanzig   b) siebenundvierzig   c) fünfundsechzig
d) zweiundachtzig   e) zweiundsiebzig   f) achtunddreißig

6 Welche Karten passen zusammen? Schreibe und zeichne.

  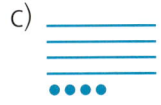  

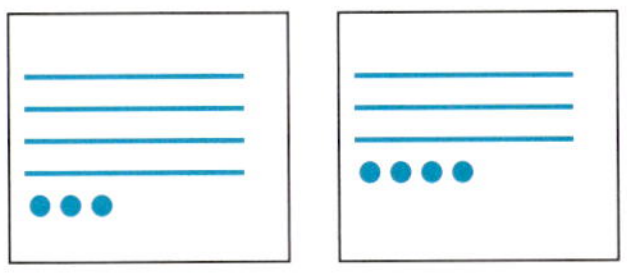

| dreiundvierzig | 40 + 3 | 30 + 4 | 3 + 40 |
| vierunddreißig | 3 Z + 4 E | 4 Z + 3 E | 4 + 30 |

7 a) Zeichne zwei Zahlen in Geheimschrift und schreibe die Zahlen dazu.
Beide Zahlen zusammen haben 5 Zehnerstriche und 5 Einerpunkte.
b) Zahline findet drei solche Zahlenpaare. Findest du auch drei Paare?

8 Zeichne und schreibe auf wie in Aufgabe 7. Wie viele Zahlenpaare findest du?

a) 4 Zehnerstriche
   4 Einerpunkte

b) 7 Zehnerstriche
   7 Einerpunkte

c) 9 Zehnerstriche
   9 Einerpunkte

Hundertertafel

1 Wo sitzen die Kinder? Trage die Nummern der Plätze in die Hundertertafel ein.

2 Ein Platz ist besetzt. Trage auch die anderen Plätze ein.

a) 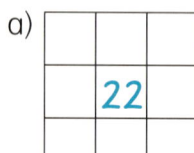 b) 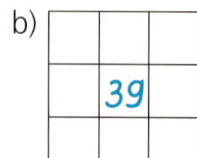 c) 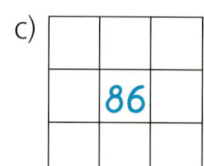 d) 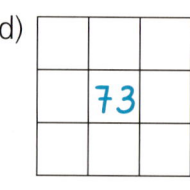 e)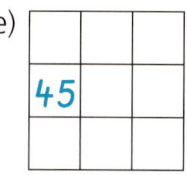

3 Wer sitzt in der Nähe von Stefanie? Wer sitzt in der Nähe von Sebastian?

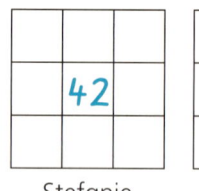 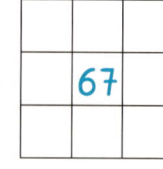
Stefanie   Sebastian

31 Peter   51 Tobias   58 Laura
32 Jens   52 Marco   66 Kevin
33 Tanja   53 Gina   68 Anne
41 Julia   56 Nadine   76 Erik
43 Alina   57 Bilal   77 Lukas

Und ich?

4 Lena sitzt auf Platz 72. Wo sitzen die Kinder? Schreibe die Nummer des Platzes auf.
a) Miriam sitzt links neben Lena.   b) Johannes sitzt vor Lena.
c) Markus sitzt rechts neben Lena. d) Katja sitzt hinter Lena.

5 Wo sitzen die Kinder? Diese Hinweise helfen dir.
a) Moritz sitzt auf Platz 38.   b) Tim sitzt auf Platz 5.
   Ayse sitzt vor Kati.   Vanessa sitzt hinter Alex.
   Kati sitzt rechts neben Moritz.   Alex sitzt hinter Tim.
   Leoni sitzt links neben Ayse.   Vanessa sitzt rechts neben Pia.

6 a) Maja sitzt links neben Lara.   b) Kai sitzt hinter Max.
   Simon sitzt auf Platz 96.   Kai sitzt links neben Nora.
   Lara sitzt vor Simon.   Ina sitzt zwischen Nora und Marie.
   Maja sitzt hinter Viktor.   Marie sitzt auf Platz 50.

7 Wer sitzt wo? Erfindet selbst Aufgaben.

1 Deine Nachbarin sagt dir eine Zahl. Schreibe sie auf den richtigen Platz in deiner Hundertertafel. Trage auch die Zahlen darüber und darunter ein. Dann wechselt euch ab.

 **2** a) Trage alle Zahlen ein, in denen eine 5 vorkommt.
b) Wie viele Zahlen sind es?

 **3** a) Trage alle Zahlen ein, in denen eine 8 vorkommt.
b) Wie viele Zahlen sind es?

4 Trage die Zahlen ein. Verbinde die Plätze. Was fällt dir auf?
a) Die Zehnerziffer und die Einerziffer sind gleich.
b) Die Zehnerziffer ist um 2 größer als die Einerziffer.
c) Die Zehnerziffer ist um 2 kleiner als die Einerziffer.
d) Findest du selbst ähnliche Aufgaben?

5 Wie viele Zahlen gibt es in der Hundertertafel,
a) in denen keine 5 vorkommt,   b) in denen keine 2 und keine 3 vorkommen?
c) Erfindet selbst solche Aufgaben zur Hundertertafel.

 6 Erkennst du das Lied? Schreibe es in dein Heft.

ICH | 7 | 39 | 72 | 12 | 48 | JEDEN | 91 | 3 | 64 |

ICH SINGE WAS ICH | 42 | 3 | 76 |

MAL SING' ICH IM | 24 | 33 | 91 | 30 |

UND | 96 | 16 | 6 | 66 | 44 | AUCH IM | 41 | 24 | 19 |

 7 So heißen Bilals Freunde.
a) | 66 | 39 | 42 | 30 | 72 | 48 |
b) | 96 | 39 | 83 | 77 | 24 | 16 | 22 |
c) | 19 | 3 | 69 | 6 | 48 | 22 |

 8 Das ist die geheime Botschaft von Zahline an Zahlix.

| 57 | 6 | 84 | | 12 | 16 | 77 | 48 | 69 | | 77 | 16 | 33 | 91 | 48 | | 39 | 69 | 7 | | 53 | 6 | 72 | 30 |

 9 Schreibt euch geheime Botschaften.

Addieren und Subtrahieren

Ergebnis im selben Zehner.	Ergebnis im nächsten Zehner.
63 + 5 =	36 + 5 =

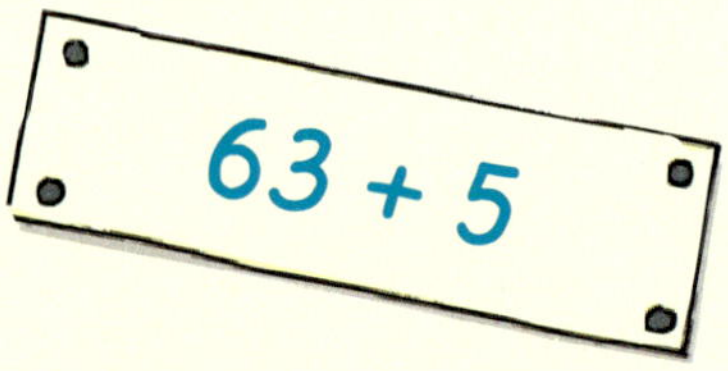

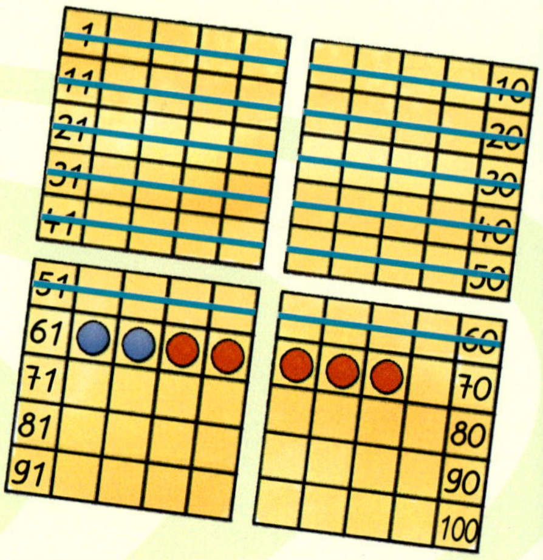

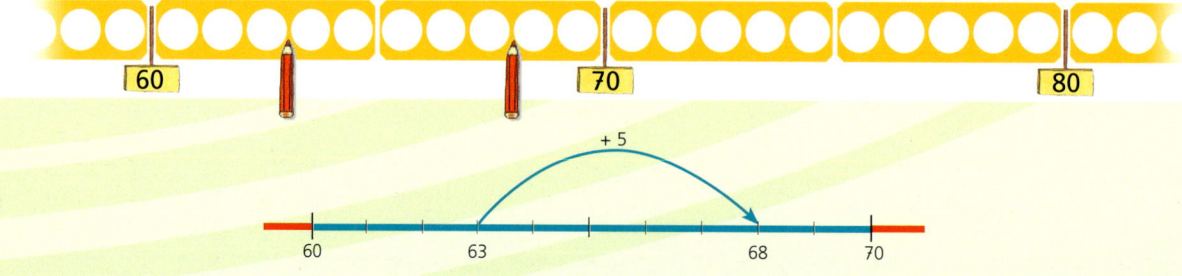

Addieren in einem Zehner

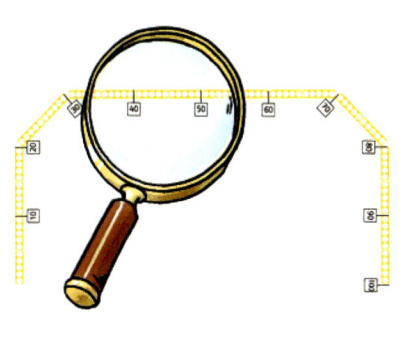

1 Zeige mit zwei Stiften und rechne.

a) 40 + 4	b) 44 + 2	c) 41 + 4	d) 43 + 5	e) 48 + 2
40 + 6	44 + 6	46 + 3	45 + 4	41 + 7
40 + 9	44 + 4	42 + 6	47 + 3	42 + 8

Jetzt in einem anderen Zehner!

2 Zeige mit zwei Stiften und rechne.

a) 60 + 2	b) 62 + 3	c) 64 + 3	d) 62 + 6	e) 63 + 2
60 + 5	62 + 6	66 + 2	69 + 0	65 + 3
60 + 8	62 + 8	61 + 6	65 + 5	67 + 3

3

a)	b)	c)	d)	e)
4 + 3	26 + 2	55 + 3	33 + 6	57 + 3
14 + 3	36 + 2	65 + 3	43 + 6	67 + 3
24 + 3	46 + 2	75 + 3	53 + 6	77 + 3

4 Rechne zuerst. Dann kontrolliere dich selbst.

a) 22 + 5	b) 31 + 8	c) 63 + 3
67 + 2	76 + 2	34 + 2
45 + 3	55 + 4	23 + 5

27 28 36 39 48 53 59 66 69 78

Nutze die blauen Lösungszahlen! Eine Geisterzahl bleibt übrig.

5 Manchmal hilft die Tauschaufgabe.

a) 3 + 43	b) 4 + 85	c) 2 + 73
5 + 72	7 + 61	4 + 62
1 + 95	3 + 54	5 + 83

46 57 66 68 75 77 88 89 93 96

6 Vor zur nächsten Zehnerzahl.

a) 65 + ___ = 70	b) 26 + ___ = 30	c) 92 + ___ = 100	d) 87 + ___ = 90
63 + ___ = 70	29 + ___ = 30	97 + ___ = 100	84 + ___ = 90
61 + ___ = 70	24 + ___ = 30	95 + ___ = 100	82 + ___ = 90

3 Starke Aufgaben: Gesetzmäßigkeit erkennen und Aufgabenfolge fortsetzen.

Addieren mit Überschreiten

1

"Erst bis zum nächsten Zehner"

46 + 7

"... dann weiter."

2 Zeige mit deinen Stiften und zeichne den Rechenstrich dazu.
a) 46 + 5   b) 45 + 8   c) 47 + 4   d) 48 + 8   e) 49 + 3

3
a) 75 + 6   b) 77 + 8   c) 73 + 9   d) 78 + 5   e) 76 + 7

4 Zahline ist mit ihren Rechenstrichen noch nicht fertig.
a) 74 + 8   b) 77 + 5   c) 75 + 8

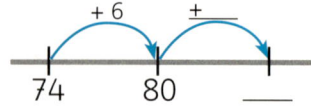 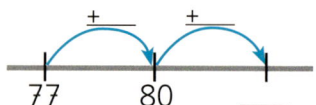 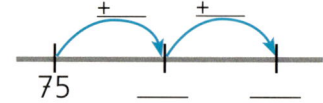

5 Löse mit dem Rechenstrich.
a) 56 + 7   b) 37 + 5   c) 28 + 6   d) 67 + 4   e) 55 + 6
   58 + 4   39 + 8   78 + 4   37 + 8   66 + 6
   57 + 6   36 + 6   48 + 5   87 + 7   77 + 6

6 Rechne und suche zwischen den blauen Lösungszahlen die Geisterzahl.
a) 27 + 5   b) 14 + 8   c) 66 + 5   d) 48 + 7   e) 94 + 6
   57 + 5   27 + 8   77 + 5   76 + 7   36 + 6
   67 + 5   66 + 8   88 + 5   87 + 7   47 + 6

22 32 35 42 47 53 55 62 71 72 74 82 83 93 94 100

7 a) 24 + 5   b) 78 + 4   c) 36 + 7   d) 47 + 5   e) 58 + 3
       24 + 6   78 + 5   46 + 7   57 + 5   68 + 3
       24 + 7   78 + 6   56 + 7   67 + 5   78 + 3

7 Starke Aufgaben: Gesetzmäßigkeit erkennen und Aufgabenfolge fortsetzen.

Wie weit kommst du?

"Das ist ein schöner Tag", sagt der **Hahn**.
"Ich werde hinaus in die Welt der Zahl gehen."

Zwei **Katzen** liegen am Tor.
"Wir gehen mit", sagen die Katzen.

Drei **Igel** schauen aus dem Busch.
"Wir gehen auch mit", sagen die Igel.

Vier **Enten** schwimmen auf dem Teich.
"Wir kommen mit", sagen die Enten.

Fünf **Hasen** hoppeln über das Feld.
"Wir kommen auch mit", sagen die Hasen.

Sechs **Gänse** watscheln über die Wiese.
"Wir gehen mit", sagen die Gänse.

Sieben **Mäuse** spielen im Gras.
"Wir laufen mit", sagen die Mäuse.

Acht **Frösche** hüpfen aus dem Graben.
"Wir kommen mit", sagen die Frösche.

Neun **Spatzen** sitzen auf dem Zaun.
"Wir fliegen mit", sagen die Spatzen.

1 + 2 + 3 + ...

"Schaut da, die Sonne", ruft der Hahn.
"Das ist ein schöner Tag", rufen alle Tiere.

Wie viele Tiere sind es zusammen? Arbeit am Text: Wie sprechen die Tiere? Wie kann die Geschichte weitergehen?

Subtrahieren in einem Zehner

1 Zeige mit zwei Stiften und rechne.

a) 45 – 2	b) 48 – 2	c) 49 – 3	d) 46 – 5	e) 42 – 2
45 – 4	48 – 4	47 – 2	49 – 8	45 – 3
45 – 1	48 – 7	43 – 3	47 – 4	49 – 7

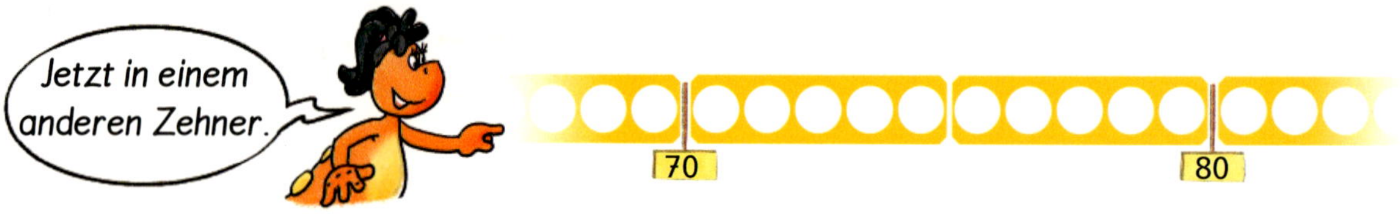

Jetzt in einem anderen Zehner.

2 Zeige mit zwei Stiften und rechne.

a) 78 – 6	b) 75 – 4	c) 79 – 4	d) 74 – 2	e) 76 – 5
78 – 3	75 – 2	77 – 7	73 – 1	79 – 8
78 – 7	75 – 0	76 – 5	72 – 0	77 – 4

3

a)	b)	c)	d)	e)
7 – 2	25 – 4	58 – 5	36 – 3	47 – 6
17 – 2	35 – 4	68 – 5	46 – 3	57 – 6
27 – 2	45 – 4	78 – 5	56 – 3	67 – 6

4 Rechne und suche zwischen den blauen Lösungszahlen die Geisterzahl.

a) 37 – 5	b) 29 – 7	c) 89 – 8	d) 68 – 8	e) 96 – 2
84 – 1	66 – 3	77 – 4	24 – 3	54 – 1
45 – 2	38 – 4	56 – 6	46 – 5	79 – 7

21 22 32 34 41 43 50 53 60 63 72 73 81 83 90 94

5 Zurück zur Zehnerzahl.

a) 65 – ___ = 60	b) 94 – ___ = 90	c) 26 – ___ = 20	d) 79 – ___ = 70
63 – ___ = 60	97 – ___ = 90	22 – ___ = 20	77 – ___ = 70
68 – ___ = 60	91 – ___ = 90	25 – ___ = 20	73 – ___ = 70

6 Zurück von der Zehnerzahl. Schreibe zu jedem Päckchen noch drei Aufgaben.

a) 10 – 3	b) 10 – 7	c) 10 – 4	d) 10 – 8	e) 100 – 5
50 – 3	40 – 7	20 – 4	60 – 8	50 – 5
30 – 3	90 – 7	70 – 4	30 – 8	80 – 5

3 Starke Aufgaben: Gesetzmäßigkeit erkennen und Aufgabenfolge fortsetzen.

Subtrahieren mit Überschreiten

1

2 Zeige mit deinen Stiften und zeichne den Rechenstrich dazu.
a) 54 – 5 b) 52 – 6 c) 55 – 8 d) 51 – 7 e) 52 – 8

3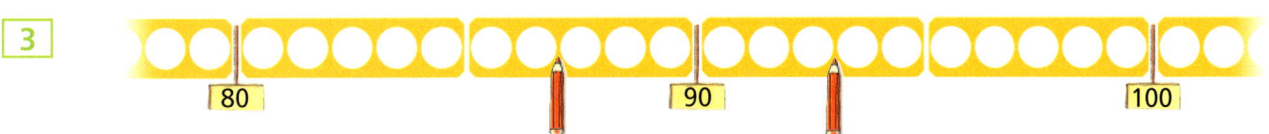
a) 93 – 6 b) 92 – 5 c) 94 – 8 d) 91 – 9 e) 93 – 8

4 Zahline ist mit ihren Rechenstrichen noch nicht fertig.
a) 74 – 8 b) 75 – 8 c) 73 – 7

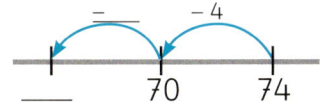 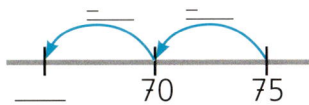 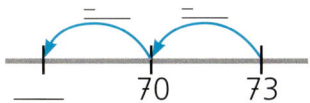

5 Löse mit dem Rechenstrich.

a) 32 – 5	b) 63 – 7	c) 54 – 8	d) 93 – 5	e) 44 – 6
32 – 7	67 – 9	84 – 6	33 – 7	33 – 6
32 – 8	64 – 8	44 – 5	63 – 6	22 – 6

6 Rechne und suche zwischen den blauen Lösungszahlen die Geisterzahl.

a) 23 – 7	b) 35 – 8	c) 44 – 8	d) 22 – 8	e) 33 – 5
52 – 6	61 – 4	53 – 6	47 – 9	64 – 6
74 – 8	92 – 6	76 – 9	83 – 5	94 – 9

14   16   27   28   36   38   44   46   47   57   58   66   67   78   85   86

7
a)	b)	c)	d)	e)
34 – 5	92 – 3	36 – 8	91 – 7	65 – 6
34 – 6	92 – 4	46 – 8	81 – 7	55 – 6
34 – 7	92 – 5	56 – 8	71 – 7	45 – 6

8 Rechne nach der Regel. Schreibe noch fünf Zahlen dazu.
a) Immer – 7: 60, 53, ...   b) Immer – 5: 84, 79, ...   c) Immer – 9: 83, 74, ...

7 Starke Aufgaben: Gesetzmäßigkeit erkennen und Aufgabenfolge fortsetzen.

Übungen zum Addieren und Subtrahieren

1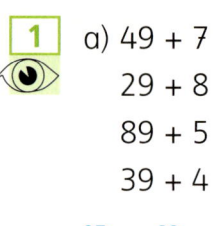
a) 49 + 7   b) 59 + 6   c) 29 + 4   d) 78 + 7
29 + 8   19 + 8   69 + 8   46 + 9
89 + 5   79 + 4   39 + 6   28 + 6
39 + 4   49 + 3   89 + 7   37 + 9

27 33 34 37 43 45 46 52 55 56 62 65 77 83 85 94 96

2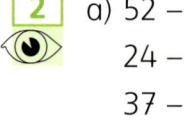
a) 52 − 9   b) 36 − 9   c) 27 − 9   d) 73 − 8
24 − 9   82 − 9   92 − 9   81 − 9
37 − 9   96 − 9   75 − 9   66 − 8
83 − 9   65 − 9   54 − 9   93 − 8

15 18 27 28 43 45 56 58 65 66 72 73 74 83 85 87 97

3 Manchmal hilft die Tauschaufgabe.
a) 7 + 68   b) 88 + 9   c) 6 + 46   d) 94 + 6   e) 78 + 3
   9 + 23   76 + 6   9 + 17   36 + 6   69 + 5

4 Was fällt dir auf? Schreibe noch drei passende Aufgaben dazu.
a) 54 + 8   b) 61 + 7   c) 72 + 6   d) 87 + 8   e) 43 + 9
   58 + 4   67 + 1   76 + 2   88 + 7   49 + 3

5
a) 36 + 8 + 4   b) 44 + 5 + 7   c) 97 − 6 − 4   d) 66 − 8 − 7   e) 44 + 9 − 3
   49 + 7 + 3   85 + 7 + 6   73 − 7 − 5   34 − 9 − 9   83 − 8 + 5
   74 + 5 + 8   56 + 3 + 8   48 − 6 − 8   58 − 6 − 8   76 + 7 − 3

6 Sechser-Pack Aufgaben

a)    b)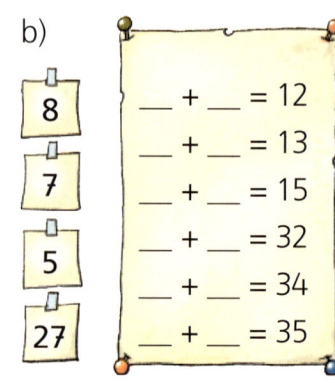

Karten a) 6, 8, 9, 29:
__ + __ = 14
__ + __ = 15
__ + __ = 17
__ + __ = 35
__ + __ = 37
__ + __ = 38

Karten b) 8, 7, 5, 27:
__ + __ = 12
__ + __ = 13
__ + __ = 15
__ + __ = 32
__ + __ = 34
__ + __ = 35

7 Wie heißt die fehlende Zahlenkarte?

a) 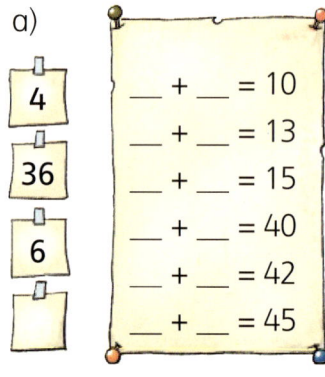   b) 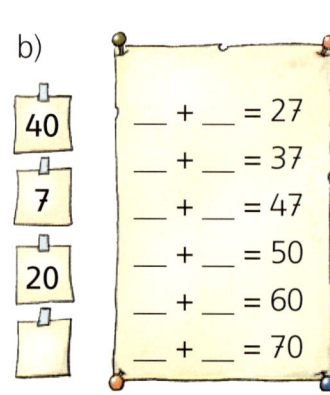   c)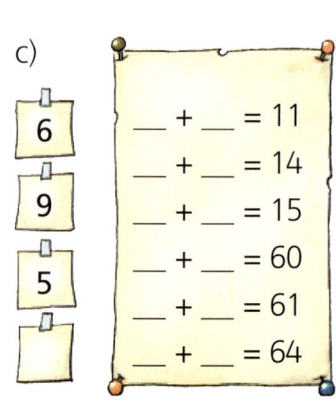

Karten a) 4, 36, 6, __:
__ + __ = 10
__ + __ = 13
__ + __ = 15
__ + __ = 40
__ + __ = 42
__ + __ = 45

Karten b) 40, 7, 20, __:
__ + __ = 27
__ + __ = 37
__ + __ = 47
__ + __ = 50
__ + __ = 60
__ + __ = 70

Karten c) 6, 9, 5, __:
__ + __ = 11
__ + __ = 14
__ + __ = 15
__ + __ = 60
__ + __ = 61
__ + __ = 64

6, **7** Aus vier Zahlenkarten sechs Aufgaben bilden: Aufgabe und Tauschaufgabe gelten als eine Aufgabe. Gesetzmäßigkeiten entdecken und anwenden: Die kleinste Summe ergibt sich aus den kleinsten Zahlenkarten, die größte Summe aus den größten Karten.

Ergänzen

1

46 + __7__ = 53

2 Zeige und zeichne den Rechenstrich.
a) 47 + ___ = 52   b) 44 + ___ = 53   c) 48 + ___ = 55   d) 45 + ___ = 51

3 a) 37 + ___ = 41   b) 68 + ___ = 72   c) 29 + ___ = 32   d) 89 + ___ = 93
37 + ___ = 43   68 + ___ = 75   26 + ___ = 32   87 + ___ = 93
37 + ___ = 45   68 + ___ = 77   24 + ___ = 32   84 + ___ = 93

4 a) 16 + ___ = 23   b) 76 + ___ = 84   c) 34 + ___ = 42   d) 45 + ___ = 54
56 + ___ = 61   25 + ___ = 34   59 + ___ = 65   78 + ___ = 86
66 + ___ = 74   58 + ___ = 64   44 + ___ = 53   88 + ___ = 92

5

73 − __7__ = 66

6 Zeige und zeichne den Rechenstrich.
a) 73 − ___ = 68   b) 75 − ___ = 66   c) 72 − ___ = 64   d) 77 − ___ = 69

7 a) 74 − ___ = 69   b) 43 − ___ = 35   c) 62 − ___ = 57   d) 91 − ___ = 85
74 − ___ = 66   43 − ___ = 37   64 − ___ = 57   92 − ___ = 85
74 − ___ = 65   43 − ___ = 39   66 − ___ = 57   94 − ___ = 85

8 a) 24 − ___ = 17   b) 25 − ___ = 16   c) 72 − ___ = 64   d) 55 − ___ = 46
44 − ___ = 38   52 − ___ = 46   53 − ___ = 46   23 − ___ = 19
74 − ___ = 65   93 − ___ = 86   34 − ___ = 29   94 − ___ = 88

9 Was fällt dir auf? Kannst du noch drei passende Aufgaben dazu schreiben?
a) 54 − ___ = 45   b) 98 − ___ = 89   c) 43 − ___ = 34   d) 76 − ___ = 67

9 Starke Aufgaben: Regel erkennen und passende Aufgaben notieren.

Addieren von Zehnerzahlen

1 Zahline rechnet mit der Geheimschrift.

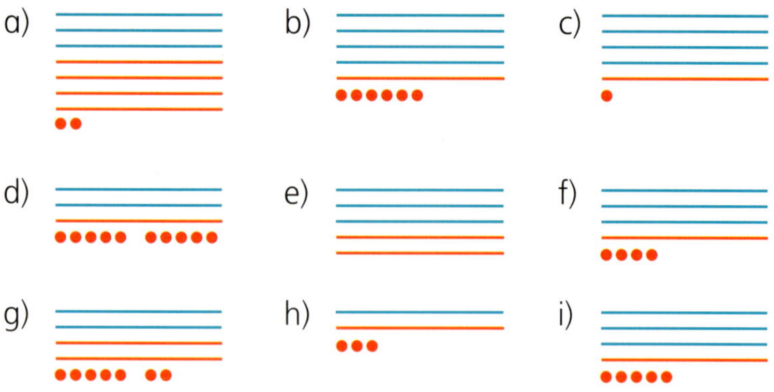

40 + 24 = 64

 a) b) c)

 d) e) f)

g) h) i)

2
a) 40 + 36
   20 + 47
   80 + 19

b) 50 + 25
   70 + 27
   10 + 39

c) 40 + 51
   20 + 66
   30 + 13

d) 20 + 34
   50 + 13
   10 + 79

e) 70 + 15
   70 + 25
   70 + 35

43   49   54   59   63   67   75   76   85   86   89   91   95   97   99   105

3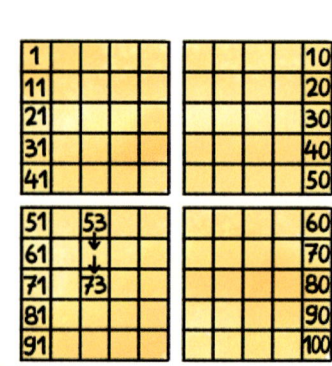

„Zwei Schritte nach unten."

53 + 20 = 73

Zeige an der Hundertertafel. Schreibe die Plus-Aufgaben in dein Heft.

a) Von 53 vier Schritte nach unten,
b) von 35 vier Schritte nach unten,
c) von 14 sechs Schritte nach unten,
d) von 27 fünf Schritte nach unten.

4
a) 72 + 20
   48 + 40
   40 + 10

b) 24 + 30
   56 + 40
   20 + 50

c) 11 + 80
   25 + 50
   63 + 30

d) 16 + 70
   33 + 50
   26 + 20

e) 27 + 10
   58 + 40
   52 + 50

37   46   50   54   63   70   75   83   86   88   91   92   93   96   98   102

5
a) 38 + 10
   38 + 20
   38 + 30

b) 17 + 20
   17 + 30
   17 + 40

c) 56 + 40
   46 + 40
   36 + 40

d) 51 + 50
   41 + 50
   31 + 50

e) 25 + 70
   35 + 60
   45 + 50

6
a) 34 + ___ = 44
   34 + ___ = 54
   34 + ___ = 64

b) 19 + ___ = 19
   19 + ___ = 39
   19 + ___ = 59

c) 48 + ___ = 98
   48 + ___ = 88
   48 + ___ = 78

d) 27 + ___ = 77
   27 + ___ = 67
   27 + ___ = 57

5, **6** Starke Aufgaben: Gesetzmäßigkeit erkennen, Aufgabenfolge fortsetzen.

Subtrahieren von Zehnerzahlen

1 Zahlix rechnet mit der Geheimschrift.

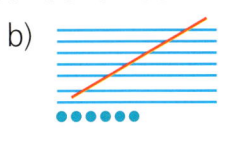

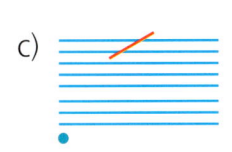

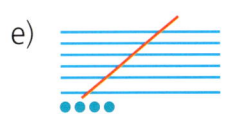

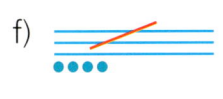

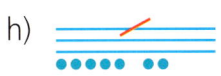

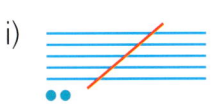

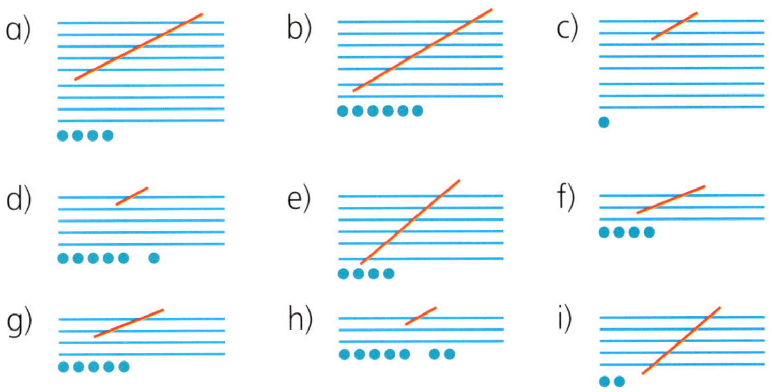

67 − 30 = 37

2
a) 50 − 20
   58 − 40
   58 − 10

b) 76 − 30
   56 − 30
   80 − 30

c) 90 − 40
   75 − 20
   63 − 30

d) 87 − 70
   53 − 50
   66 − 20

e) 47 − 10
   99 − 50
   56 − 50

3 6 17 18 26 30 33 36 37 46 46 48 49 50 50 55

3 *Zwei Schritte nach oben.*   57 − 20 = 37

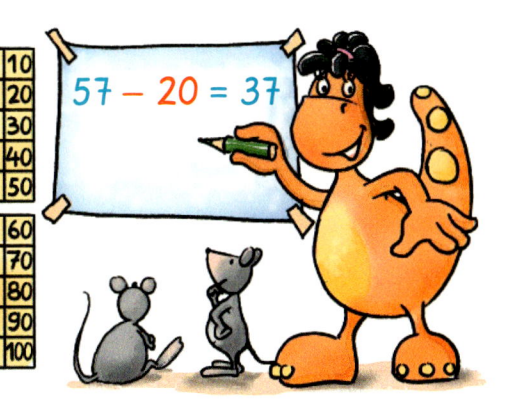

Zeige an der Hundertertafel. Schreibe die Minus-Aufgaben in dein Heft.
a) Von 81 drei Schritte nach oben,
b) von 75 vier Schritte nach oben,
c) von 66 zwei Schritte nach oben,
d) von 58 fünf Schritte nach oben.

4
a) 94 − 30
   77 − 20
   53 − 40

b) 67 − 50
   89 − 70
   71 − 60

c) 75 − 50
   93 − 30
   91 − 60

d) 85 − 70
   83 − 50
   46 − 20

e) 37 − 10
   98 − 40
   72 − 50

11 13 16 17 19 22 25 26 27 31 33 43 57 58 63 64

5
a) 73 − 10
   73 − 20
   73 − 30

b) 65 − 20
   65 − 30
   65 − 40

c) 87 − 20
   87 − 30
   87 − 40

d) 53 − 20
   54 − 20
   55 − 20

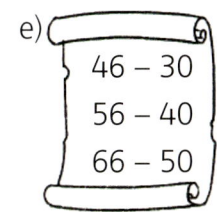

e) 46 − 30
   56 − 40
   66 − 50

6
a) 64 − ___ = 44
   64 − ___ = 34
   64 − ___ = 24

b) 98 − ___ = 88
   98 − ___ = 68
   98 − ___ = 48

c) 77 − ___ = 17
   77 − ___ = 27
   77 − ___ = 37

d) 85 − ___ = 25
   85 − ___ = 35
   85 − ___ = 45

5, 6 Starke Aufgaben: Gesetzmäßigkeit erkennen, Aufgabenfolge fortsetzen.

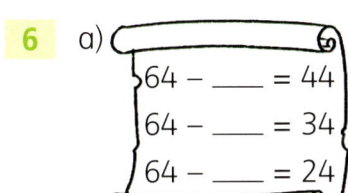

Mini-Projekt: Kaninchen

1 Das ist Mimi, Zahlines Hauskaninchen. Mimi hat ein weiches
a) _____ und lange schmale b) _____ .

a)
32 + 20 = ____
18 + 30 = ____
14 + 40 = ____
45 + 30 = ____

b)
100 − 70 = ____
85 − 40 = ____
91 − 30 = ____
74 − 40 = ____
58 − 30 = ____

2 Mimi lebt in einem a) _____ .
Sie braucht aber täglich ihren b) _____ .

a)
51 + 2 = ____
51 + 4 = ____
43 + 7 = ____
32 + 7 = ____
73 + 3 = ____

b)
29 − 5 = ____
36 − 3 = ____
49 − 6 = ____
60 − 6 = ____
88 − 3 = ____
89 − 7 = ____
59 − 7 = ____

3 Mimi frisst gern a) _____ .
und frisches b) _____ .
Ganz wichtig ist c) _____ .

a)
37 + 6 = ____
78 + 7 = ____
46 + 8 = ____
15 + 9 = ____
39 + 5 = ____

b)
71 − 7 = ____
54 − 6 = ____
100 − 3 = ____
82 − 4 = ____
52 − 9 = ____
41 − 7 = ____

c)
39 + 8 − 2 = ____
27 + 9 − 2 = ____
67 + 8 − 4 = ____

4 Mimi braucht täglich frisches a) _____
Süßigkeiten sind b) _____ .

a)
30 + 27 = ____
10 + 36 = ____
16 + 40 = ____
13 + 30 = ____
30 + 44 = ____
50 + 11 = ____

b)
7 + 73 = ____
6 + 68 = ____
59 + 2 = ____
31 + 10 = ____
14 + 80 = ____
20 + 29 = ____
10 + 24 = ____
49 + 20 = ____

5 Mimis Nagezähne wachsen immer nach. Sie muss ihre
a) _____ selbst abschleifen.

a)
50 + 41 − 3 = ____
31 + 30 − 6 = ____
64 + 20 − 7 = ____
13 + 60 − 4 = ____
31 + 50 − 7 = ____

Zahlen-ABC: Rechnen, zum Ergebnis im Zahlen-ABC den passenden Buchstaben suchen und eintragen.

1 Mimi bekommt Junge. Sie war einen Monat und zwei Tage trächtig.

Wie	viele	Tage	war	sie	trächtig?
	3	0	Tage	+	
			Tage	war	sie trächtig.

2 Flecki ist Mimis Baby.
a) Mimi wog bei ihrer Geburt 40 Gramm. Flecki ist 10 Gramm schwerer. Wie viel Gramm wiegt Flecki bei der Geburt?

b) Nach sechs Tagen hat Flecki sein Gewicht verdoppelt. Wie viel Gramm wiegt Flecki jetzt?

3 Bei der Geburt ist Flecki ganz nackt. Nach sieben Tagen bekommt Flecki ein Fell.
a) Erst fünf Tage später öffnet Flecki die Augen. Wie viele Tage nach der Geburt kann Flecki sehen?

b) Wieder drei Tage später kann Flecki auch hören. Wie alt ist Flecki nun?

4 Bereits nach 17 Tagen kann Flecki im Käfig krabbeln und der Mutter folgen.
a) Zehn Tage später kann Flecki allein fressen. Wie alt ist Flecki nun?

b) Wieder fünf Tage später ist Flecki selbstständig und kann ohne seine Mutter überleben. Wie alt ist Flecki jetzt?

5 Im Alter von 43 Tagen erhält Flecki einen eigenen Käfig. Wie viele Tage ist Flecki dann bereits selbstständig?

6 Schreibe zu den Buchstaben die passenden gelben Wörter: A = Geburt, B = ...

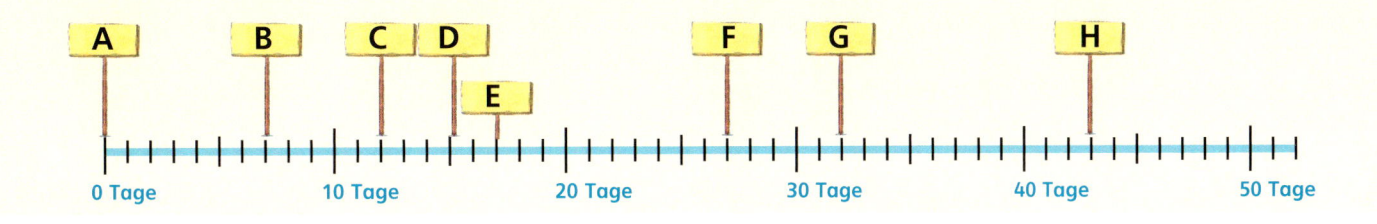

Übungen zum Addieren und Subtrahieren

1 Lege mit Plättchen in der Hundertertafel und
schreibe die Zahlen in dein Heft.

a) Start bei 8, immer + 10   a) 8, 1 8, 2 8,

b) Start bei 9, immer + 9   c) Start bei 50, immer + 5

d) Start bei 30, immer + 6   e) Start bei 92, immer − 10

f) Start bei 80, immer − 8   g) Start bei 90, immer − 10

2 Legt die Startzahl und die Regel fest. Dein Nachbar legt die Plättchen in die Hundertertafel und nennt die Zahlen. Dann wechselt ab.

3 Schreibe die Zahlen in dein Heft.
Starte mit der kleinsten Zahl. Wie heißt die Regel?

a) 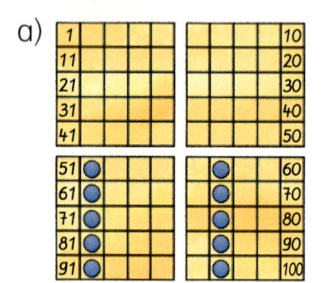   b) 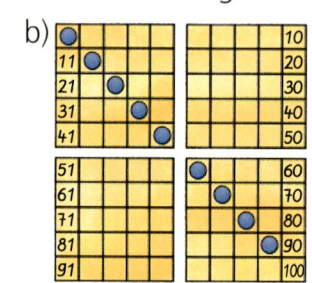   c)

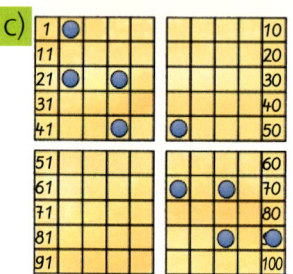

4 Lege ein Muster mit Plättchen in der Hundertertafel.
Deine Nachbarin schreibt die Zahlen auf. Findet ihr eine Regel?

5 a) Zeige alle geraden Zahlen in der Hundertertafel. Was fällt dir auf?
b) Zeige alle ungeraden Zahlen in der Hundertertafel. Was fällt dir auf?

6
a) 32 + 20 + 6	b) 81 + 10 + 3	c) 76 + 20 + 2	d) 11 + 80 + 8
13 + 10 + 2	44 + 30 + 3	21 + 40 + 9	53 + 30 + 3
25 + 20 + 4	56 + 20 + 2	35 + 30 + 1	22 + 10 + 5

25   37   49   53   58   66   70   77   78   86   94   98   99

7
a) 56 + 30 − 5	b) 74 + 20 − 1	c) 43 − 20 + 6	d) 67 − 20 + 1
37 + 40 − 4	18 + 20 − 4	84 − 30 + 4	71 − 10 + 5
29 + 40 − 7	43 + 10 − 2	92 − 10 + 8	55 − 20 + 4

29   34   39   48   51   58   62   66   73   75   81   90   93

8 Wie viel Uhr ist es? Schreibe alle Möglichkeiten auf.

a)    a) 9.30 Uhr / 21.30 Uhr / halb 10   b)    c)    d)    e)

9 Wie viel Uhr ist es? Schreibe alle Möglichkeiten auf.

a)    b)    c)    d)    e)    f)

Kreative Aufgaben: Kugelbahn

1

	− 5		− 8		+ 10	
3 5		3 0		2 2		3 2
8 0						
5 3						
3 6						

2 Kugeln: 38, 72, 51, 60
a) +2, −8, +10
b) +3, −10, −7
c) −4, +10, −6

3 Kugeln: 66, 45, 70, 33
a) −6, −4, +10
b) +30, −20, −10
c) +3, −10, +7

d) Vergleiche Startzahl und Zielzahl. Was fällt auf? Warum ist das so?

4 Kugeln: 20, 30, 40, 50
a) −7, +50, −3
b) +36, +8, −4
c) +43, −8, +5

d) Vergleiche Startzahl und Zielzahl. Die Zielzahl ist immer _____ als die Startzahl.

5 Erfindet selbst eine Kugelbahn:
Die Zielzahl ist immer 30 größer als die Startzahl.

6 Wie heißen die Startzahlen?

Kugelbahn: +6, +30, −4

Zielzahlen: 36, 48, 60, 84

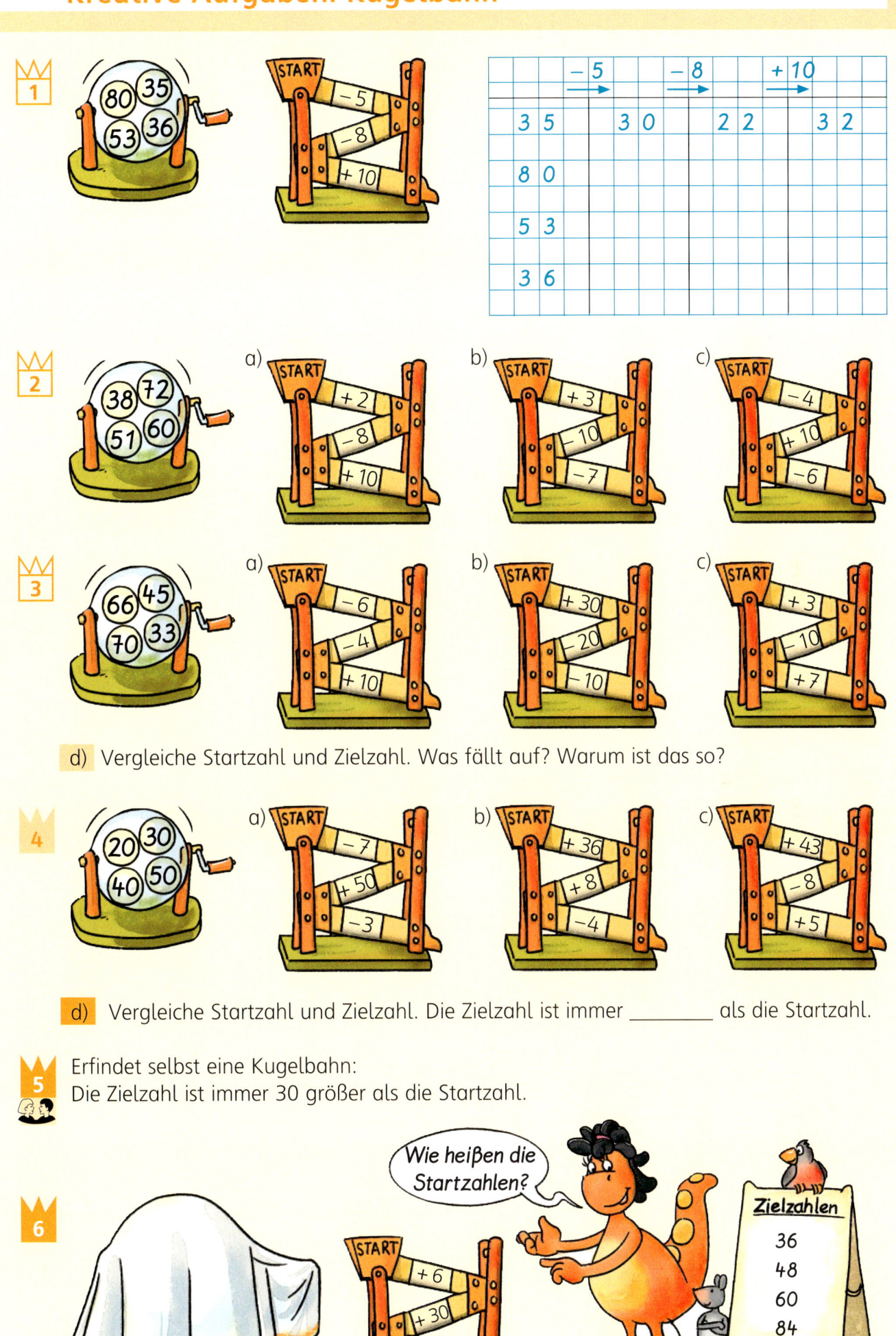

3 c) Startzahl und Zielzahl sind gleich, denn a) − 6 − 4 und + 10, b) + 30 − 20 − 10 und c) + 3 − 10 + 7 heben sich auf.

Rechnen mit Geld

1 Wie viel Cent sind es?

a)  50, 2, 20, 2
b)  20, 1, 20, 5, 5
c)  50, 2, 1, 5, 2

2 Lege mit Münzen und zeichne.

a) 80 Cent   b) 35 Cent   c) 64 Cent   d) 99 Cent

3 Wie viel Euro sind es?

a)   5, 2, 2, 1, 2
b)  20, 5, 2, 5, 5
c) 50, 20, 20, 10, 5

4 Lege mit Rechengeld und zeichne.

a) 17 €   b) 35 €   c) 63 €   d) 86 €   e) 74 €

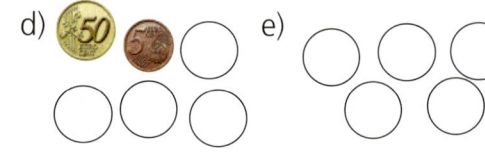

5 Lege mit möglichst wenig Münzen. Zeichne.

a) 40 Cent   b) 60 Cent   c) 75 Cent   d) 9 €

6 Immer 1 Euro.

a) 50, ○
b)  50, 20, ○○
c)  50, 10, ○○○
d) 50, 5, ○○○
e) ○○○○
f) 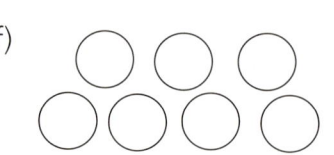 ○○○○○

7 Münzen raten

1. Kind: Münzen in eine Dose füllen, Gesamtbetrag angeben

2. Kind: Dose schütteln Münzen erraten und malen

Nein, mehr Münzen.

8  In der Dose sind: 50 CENT
a) 3 Münzen
b) 4 Münzen
c) 5 Münzen

9 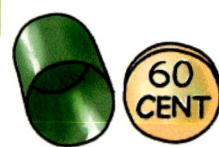 In der Dose sind: 60 CENT
a) 4 Münzen
b) 5 Münzen
c) 6 Münzen

7 bis 9 Welche Münzen sind in der Dose? Manchmal gibt es mehre Möglichkeiten.

1 a) Wie viel Euro hat jedes Kind gespart?
b) Wer hat am meisten gespart?   c) Wer hat am wenigsten gespart?

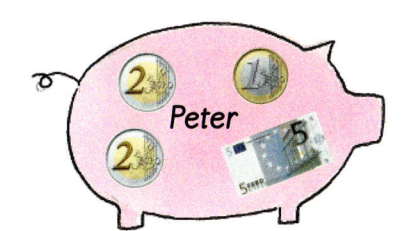

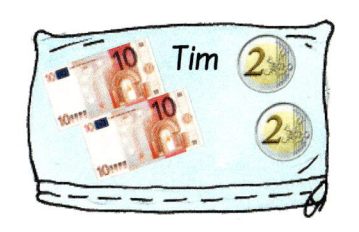

Peter   Tim   Antonio

2 Lege mit Rechengeld und zeichne.

a) 25 €   b) 49 €   c) 18 €, 4 €   d) 20 €, 15 €

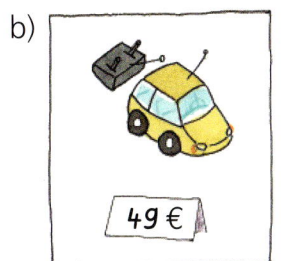

3
a) 28 €, 20 €   Summe: _____ €
b) 37 €, 5 €   Summe: _____ €
c) 49 €, 4 €   Summe: _____ €

4
a) 7 €   Zurück: _____ €
b) 42 €   Zurück: _____ €
c) 96 €   Zurück: _____ €

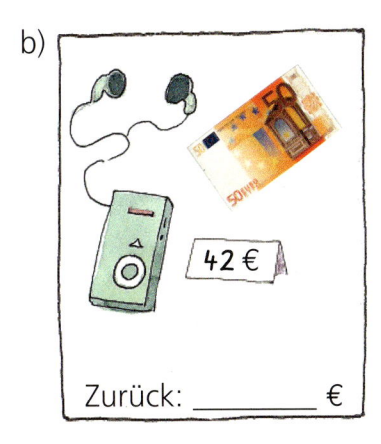

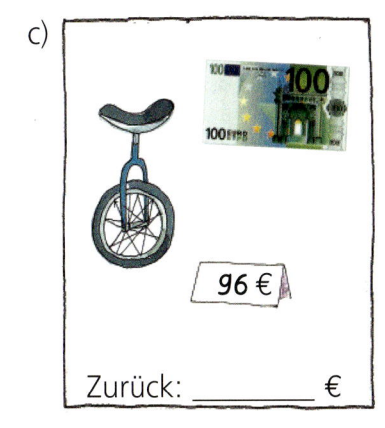

5
a) 8 €, 9 €   Summe: _____ €   Zurück: _____ €
b) 6 €, 8 €   Summe: _____ €   Zurück: _____ €
c) 59 €, 20 €   Summe: _____ €   Zurück: _____ €

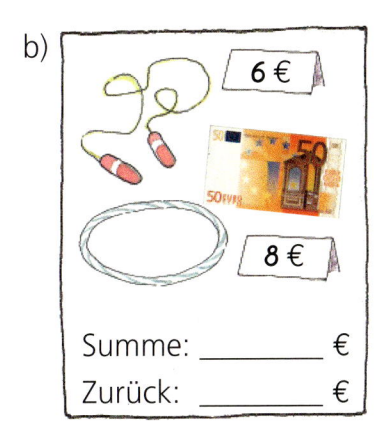

Das hast du gerade gelernt

1
a) 53 + 4
32 + 7
49 + 3
b) 66 + 7
21 + 8
85 + 6
c) 6 + 24
9 + 18
5 + 77

27 29 30 39 42 52 57 73 82 91

2
a) 77 – 3
61 – 4
49 – 7
b) 27 – 8
82 – 4
55 – 6
c) 93 – 8
78 – 5
34 – 9

19 25 36 42 49 57 73 74 78 85

3 Schreibe zwei weitere Aufgaben
a) 25 + 3
35 + 3
45 + 3
b) 66 + 6
56 + 6
46 + 6
c) 6 + 74
7 + 74
8 + 74

4 Schreibe zwei weitere Aufgaben
a) 29 – 7
39 – 7
49 – 7
b) 27 – 9
37 – 9
47 – 9
c) 54 – 3
54 – 4
54 – 5

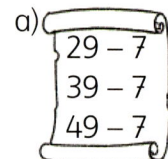

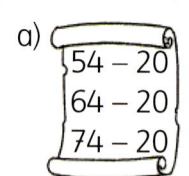

5
a) 43 + ___ = 48
57 + ___ = 61
75 + ___ = 83
b) 69 – ___ = 63
32 – ___ = 28
94 – ___ = 85

6
a) 34 + 30
73 + 20
17 + 50
b) 29 + 70
44 + 40
56 + 10
c) 10 + 36
50 + 27
19 + 70

46 57 64 66 67 77 84 89 93 99

7 Schreibe zwei weitere Aufgaben
a) 54 – 20
64 – 20
74 – 20
b) 75 – 20
75 – 30
75 – 40
c) 46 – 20
56 – 30
66 – 40

8
a) 34 + ___ = 54
53 + ___ = 93
28 + ___ = 78
b) 92 – ___ = 62
84 – ___ = 14
77 – ___ = 27

9
a) Alexander   — 49 €, 20 €
Summe: _____ €

b) Lena — 18 €, 4 €
Summe: _____ €

c) Erkan — 37 €, 20 €
Summe: _____ €

10
a) Kaja — 22 €
Zurück: _____ €

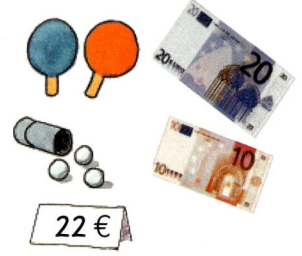

b) Tobias — 59 €
Zurück: _____ €

c) Noah — 49 €
Zurück: _____ €

Kannst du das noch?

1 Schreibe die fehlenden Zahlen aus der Hundertertafel in dein Heft.
a) 64   b) 78   c) 31   d) 89

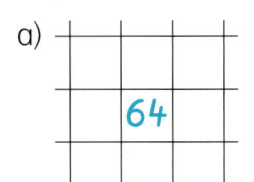

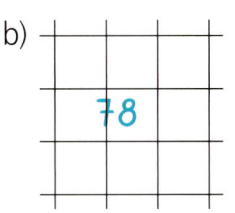

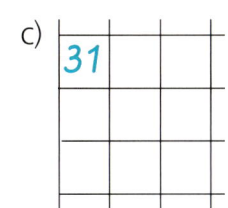

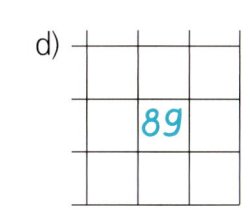

2 Welche Zahlen sind es? Schreibe: A = 6

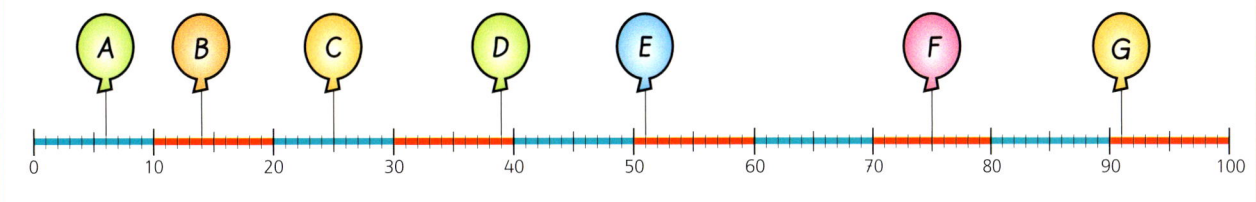

A   B   C   D   E   F   G
(Zahlenstrahl 0 bis 100)

3 Kleiner oder größer? : <, >
a) 78 ○ 87   b) 44 ○ 88   c) 58 ○ 28   d) 14 ○ 41
   63 ○ 53   23 ○ 32   73 ○ 76   37 ○ 33
   92 ○ 29   64 ○ 46   84 ○ 48   93 ○ 99

4 Wie viel Uhr ist es?
Schreibe beide Möglichkeiten auf.
a)   b)   c)

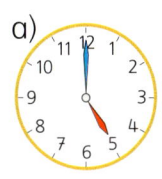

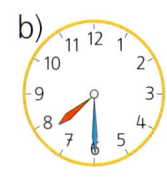

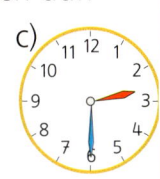

5 Schreibe die Uhrzeiten auf.
Schreibe immer beide Möglichkeiten.
a) Viertel nach 9   b) halb 10
   Viertel nach 12   halb 6
   Viertel vor 7   Viertel vor 11

6 Es ist Vormittag.
a) Schreibe die Uhrzeit auf.
b) Wie viel Uhr ist es eine Viertelstunde später,
c) eine halbe Stunde später?

7 Es ist Nachmittag.
a) Schreibe die Uhrzeit auf.
b) Wie viel Uhr ist es eine Viertelstunde früher,
c) eine halbe Stunde früher?

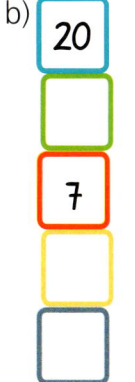

8 a) ☐ ☐ 40 ☐ 31   b) ☐ ☐ 40 ☐ 32   c) ☐ ☐ 40 ☐ 33

d) Kannst du noch zwei Türme rechnen?

9 a) 20 ☐ 10 ☐ ☐   b) 20 ☐ 7 ☐ ☐

Findest du noch mehr Türme zur 20?

Größen und Sachrechnen

1
a) Ordne die Kinder nach der Größe.
b) Wer ist am größten, wer am kleinsten?
c) Vergleiche in deiner Tischgruppe, in deiner Klasse.

Unsere Körpermaße

Fingerspanne
Elle
Armspanne
Fingerbreite
Fuß
Schritt

2 Wie viele Füße sind es?
a) Breite des Schrankes
b) Breite der Tür
c) Breite des Flurs

3 Was fällt dir auf?

	Breite der Klasse in Füßen	in Schritten
Laura	35	14
Martin	28	10
Julia	32	13
Karin	30	12

4 Mit welchem Körpermaß kannst du das messen?
a) Länge des Lesebuches
b) Länge des Radiergummis
c) deine Körpergröße
d) Höhe der Tafel

5 Vergleicht eure Körpermaße.
Wer hat die größere Armspanne?
Wer hat längere Füße?
Wer hat …

Meter und Zentimeter

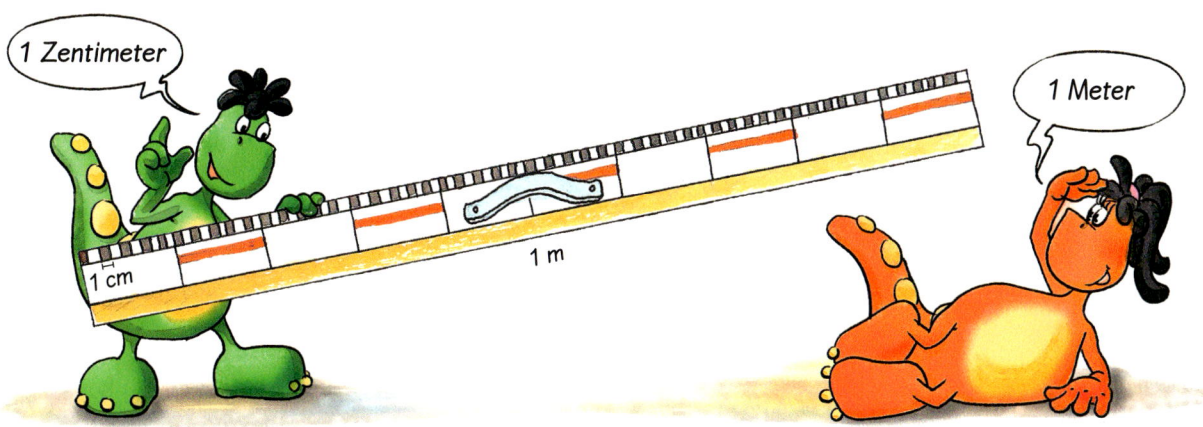

47

1 Miss auf dem Schulhof ab.
1 m   2 m   3 m   ...   10 m

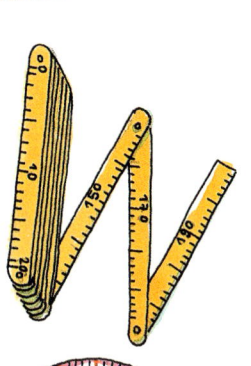

2 a) Mache fünf große Schritte. Kommst du 5 m weit?
b) Kommst du mit zehn Schritten 7 m weit?
c) Wie viele Schritte brauchst du für 10 m?

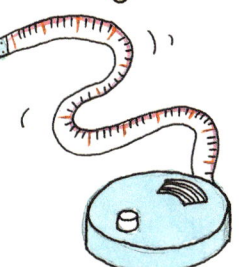

3 Schätze zuerst: Wie viel Meter sind es? Dann miss.
a) Wie lang ist euer Klassenraum?   b) Wie breit ist er?

4 Schätze zuerst: Wie viel Meter sind es? Dann miss.
a) Wie breit ist euer Flur in der Schule?   b) Wie lang ist er?

5 Wie lang ist der Bleistift? Wie viel Zentimeter sind es?

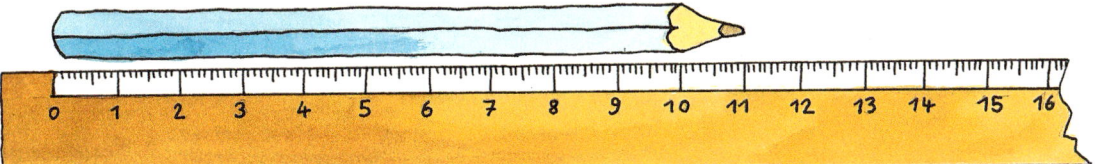

6 Schätze zuerst: Wie viel Zentimeter sind es? Dann miss mit deinem Lineal.

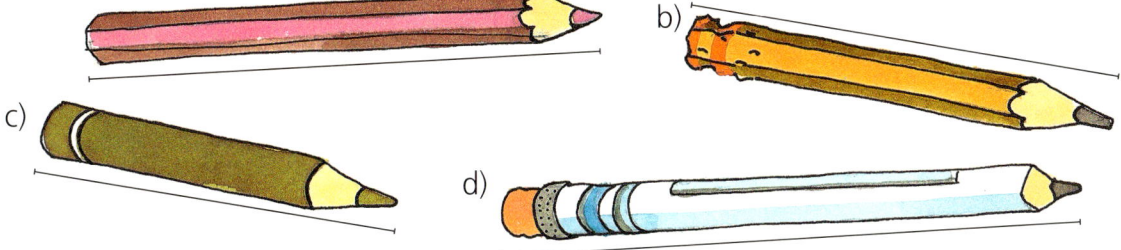

7 Große Längen – kleine Längen. Setze ein: m oder cm.
a) Die Tür ist 2 ___ hoch
b) Das Mathematikbuch ist 30 ___ lang.
c) Der Bus ist 12 ___ lang.
d) Der Turnschuh ist 25 ___ lang.
e) Das Handy ist 8 ___ lang.
f) Das Fußballfeld ist 100 ___ lang.

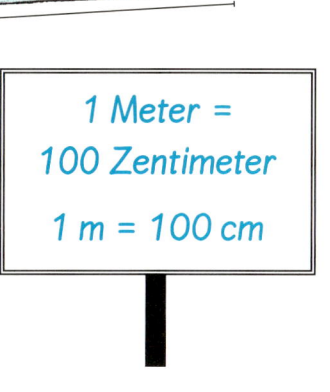

1 Meter = 100 Zentimeter
1 m = 100 cm

Strecken messen und zeichnen

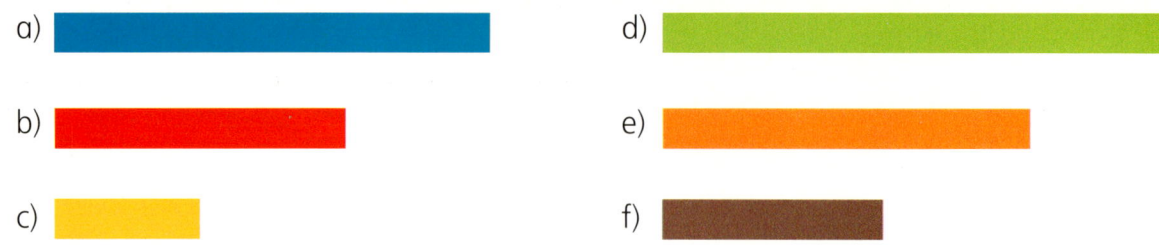

1 Wie lang sind die Streifen? Schätze zuerst, dann miss. Schreibe: a) ___ cm

a) [blauer Streifen]   d) [grüner Streifen]

b) [roter Streifen]   e) [oranger Streifen]

c) [gelber Streifen]   f) [brauner Streifen]

2 Vergleiche die Längen der Streifen miteinander. Ordne die Streifen nach der Länge.

3 a) Wie lang sind der blaue und der braune Streifen zusammen?   a) ☐ cm + ☐ cm = ☐ cm

b) Wie lang sind der gelbe und der grüne Streifen zusammen?
c) Wie lang ist ein Streifen, der doppelt so lang wie der rote Streifen ist?
d) Wie lang ist ein Streifen, der halb so lang wie der blaue Streifen ist?
e) Wie lang ist ein Streifen, der halb so lang wie der grüne Streifen ist?

4 Welche Streifen musst du hintereinander legen, damit sie zusammen 10 cm lang sind? Es gibt mehrere Möglichkeiten.

5 Zeichne mit dem Lineal Strecken in dein Heft.

a) 3 cm   b) 8 cm   c) 10 cm   d) 14 cm
e) 1 cm   f) 6 cm   g) 7 cm   h) 12 cm

a) |———— 3 cm ————|

6 Zeichne mit dem Lineal Strecken in dein Heft.
a) Zeichne eine Strecke, die doppelt so lang wie der braune Streifen ist.
b) Zeichne eine Strecke, die 4 cm länger als der rote Streifen ist.
c) Zeichne eine Strecke, die 3 cm kürzer als der grüne Streifen ist.
d) Zeichne eine Strecke, die genauso lang ist wie der gelbe, rote und blaue Streifen zusammen.
e) Zeichne eine Strecke, halb so lang wie der blaue und der rote Streifen zusammen.

7 Zeichne die Buchstaben in dein Heft.

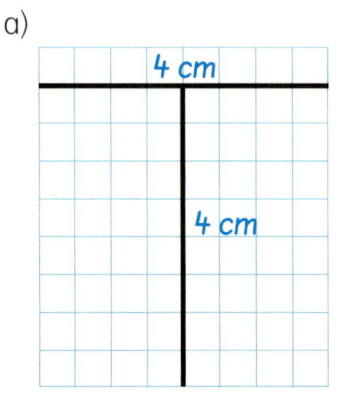

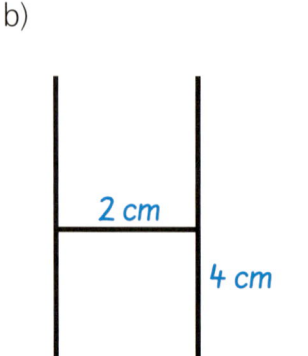

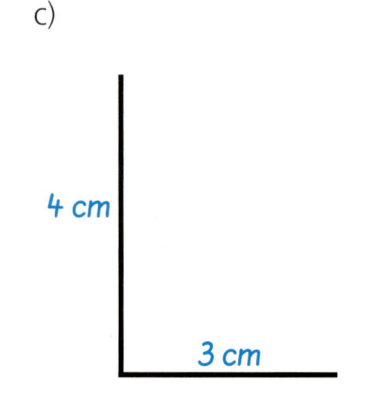

a) 4 cm / 4 cm   b) 2 cm / 4 cm   c) 4 cm / 3 cm

8 Welche Buchstaben kannst du noch mit dem Lineal zeichnen?

Körpergröße

Schulmöbel: Schulkinder müssen auf passenden Stühlen sitzen. Deshalb gibt es Tische und Stühle in verschiedenen Größen. Die Größe erkennt man an den farbigen Punkten.

Körpergröße	Tischhöhe	Sitzhöhe	Farbe
1 m 13 cm bis 1 m 27 cm	52 cm	30 cm	● (lila)
1 m 28 cm bis 1 m 42 cm	58 cm	34 cm	● (gelb)
1 m 43 cm bis 1 m 57 cm	64 cm	38 cm	● (rot)
1 m 58 cm bis 1 m 72 cm	70 cm	42 cm	● (grün)

1 Sitzen die Kinder auf passenden Stühlen?

- Lisa: Ich bin 1 m 48 cm groß. Mein Stuhl hat einen roten Punkt.
- Pia: Ich bin 1 m 39 cm groß. Mein Stuhl hat auch einen roten Punkt.
- Ben: Ich bin 1 m 41 cm groß. Mein Stuhl hat einen gelben Punkt.

2

Tischgruppe 1					
Jan	1	m	3	4	cm ● (gelb)
Laura	1	m	2	6	cm
Paul	1	m	3	0	cm
Lena	1	m	4	4	cm
Noah					

a) Wie groß ist Noah?
b) Wie heißt das größte Kind?
c) Welches Kind ist am kleinsten?
d) Welche Tische und welche Stühle brauchen die Kinder?

3 Messt die Kinder in eurer Tischgruppe.
a) Welches Kind ist am kleinsten?
b) Wie groß bist du? Welchen Stuhl brauchst du?
c) Welches Kind ist am größten?
d) Welche Stühle brauchen die anderen Kinder?
e) Vergleicht mit den anderen Tischgruppen.

4 Schreibe auf zwei Arten: 1 1 9 cm = 1 m 1 9 cm

a)	b)	c)	d)
119 cm	152 cm	110 cm	111 cm
130 cm	148 cm	109 cm	170 cm
112 cm	126 cm	102 cm	107 cm

1 Meter sind 100 Zentimeter.

5 Nun umgekehrt. Schreibe so: 1 m 15 cm = 115 cm

a)	b)	c)	d)
1 m 15 cm	1 m 5 cm	1 m 10 cm	1 m 6 cm
1 m 50 cm	1 m 3 cm	1 m 1 cm	1 m 60 cm
1 m 25 cm	1 m 8 cm	1 m 11 cm	1 m 56 cm

Sachrechnen

Viele Fragen

a) Wie viel Euro kostet der Bagger?
b) Wie alt ist der Verkäufer?
c) Was macht Tim gerade?
d) Ist das ein Sonderangebot?

Der Bagger kostet 14 €.

e) Womit bezahlt Tim?
f) Gibt es den Bagger auch in anderen Farben?
g) Was macht Tim mit dem Bagger?
h) Wie viel Geld muss Tim bezahlen?

i) Wie viel Geld hat Tim?
j) Wie alt ist Tim?
k) Wie viel Euro bekommt Tim zurück?
l) Wie viel Euro hat Tim gespart?
m) Bekommt Tim Taschengeld?

1 Welche Fragen kannst du sofort beantworten? Schreibe die Fragen und Antworten auf?

F Wie viel Euro kostet der Bagger?
A ____ Euro kostet der Bagger

2 Bei welcher Frage musst du rechnen? Schreibe Frage, Lösung und Antwort auf.

3 Welche Fragen kannst du nicht beantworten?

4 Welche Fragen kannst du sofort beantworten? Schreibe Fragen und Antworten auf.

a) Wie alt ist Leo?
b) Wie viel Euro kostet der Hund?
c) Wie viel Geld hat Leo gespart?
d) Wie viel Euro kostet das Schiff?
e) Wie viel Euro kostet alles zusammen?
f) Möchte Leo noch mehr einkaufen?

16 €
8 €

5 Bei welcher Frage musst du rechnen? Schreibe Frage, Lösung und Antwort auf.

6 Welche Fragen kannst du nicht beantworten?

1 Wie heißt die Rechenfrage? Welche Informationen brauchst du zum Rechnen? Schreibe Frage, Lösung und Antwort auf.

Ich kaufe das Springseil.

F	Wie viel Geld bekommt Anna zurück?
L	Anna hat 20 €
	Das Springseil kostet ____ €.
	20 € −
A	

2 a) Leo b) Maria

3 Wie heißt die Rechenfrage? Welche Informationen brauchst du zum Rechnen? Schreibe Frage, Lösung und Antwort auf.

F	Wie viel Geld muss Tom insgesamt bezahlen?
L	Der Hund kostet 8 €
	Das Auto kostet ____ €.
	8 € +
A	

4 a) Jonas b) Alina

5 a) b)

Wichtig zum Rechnen

Schreibe Frage (F), Lösung (L) und Antwort (A) auf.

1 Hier sind die wichtigen Informationen zum Rechnen unterstrichen.

Kati ist in der Klasse 2a.
Sie ist sieben Jahre alt.
Kati sammelt Pferde-Bilder.
35 Bilder hat sie schon.
Am Dienstag bekommt
sie acht neue Bilder.
Hoffentlich ist ihr
Lieblingsbild dabei!

F *Wie viele Bilder hat Kati dann?*
L *Kati hat ____ Bilder.*
   Sie bekommt ____ neue Bilder.
   _____
A

2 Welche Informationen sind wichtig zum Rechnen? Wie heißt die Rechenfrage?

a) Benno spielt gern Fußball. Jeden Dienstag geht er um 15 Uhr zum Training. Dort tauscht er mit seinem Freund Fußball-Bilder. Benno hat 42 Bilder. Heute hat sein Freund Geburtstag. Benno schenkt ihm fünf Bilder.

b) Kaja spielt gern mit Knöpfen. Ihre Mutter hat 75 Knöpfe. Kaja hat sie alle gezählt. Heute ist sie traurig. Es fehlen 10 Knöpfe. Um 4 Uhr kommt ihre Mutter vom Einkauf zurück. Sie hat fünf neue Knöpfe gekauft.

3 Anna und Sven sind Zwillinge.
Sie sammeln Murmeln.
Zusammen haben sie 63 Murmeln.
Heute haben sie Geburtstag.
Sie werden 7 Jahre alt.
Anna bekommt von ihrer Freundin acht bunte Murmeln.
Sven bekommt sieben große Murmeln.

Was sammelst du? Schreibe deine eigene Rechengeschichte.

Skizze als Lösungshilfe

1

Tom geht in die Klasse 2a.
Er spielt gerne Fußball
und hat schon acht Tore
geschossen.
Heute trainieren sie für das
nächste Spiel.
Die Strecke für den Fußball-Slalom
ist 12 m lang.
Der Abstand zwischen den Hütchen
ist 1 m.

a) Welche Informationen brauchst du
zum Lösen? Schreibe sie auf.

b) Löse die Aufgabe mit einer Skizze.
Nimm zwei Kästchen für 1 m.

F   Wie viele Hütchen werden gebraucht?

L   Die Strecke ist _____ lang.

Der Abstand zwischen den Hütchen ist _____ .

A

2 Marie feiert ihren 7. Geburtstag im Garten. Zwischen den Bäumen wird eine Schnur mit Fähnchen gespannt. Es werden neun Fähnchen aufgehängt. Der Abstand zwischen den Fähnchen ist 1 m. So groß ist auch der Abstand zwischen Baum und Fähnchen.

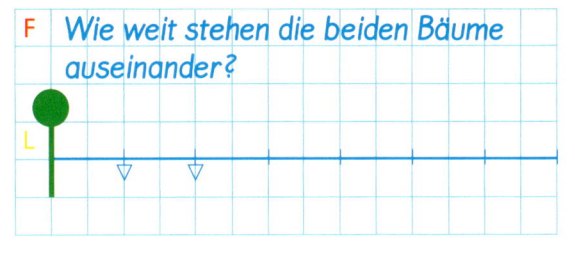

F   Wie weit stehen die beiden Bäume auseinander?

L

3 Zahlix kauft eine 12 m lange Schnur. Sie kostet 16 €.
Er will die Schnur in 1 m lange Stücke zerschneiden.
Wie oft muss er die Schnur durchschneiden? Zeichne eine Skizze.

4 Tina und Paul sind sehr sportlich. Zusammen
haben sie schon fünf Urkunden bekommen.
Heute trainieren sie auf dem Spielplatz.
Der Spielplatz ist 30 m lang und 14 m breit.
Paul läuft einmal um den Platz herum.
Tina läuft dreimal die lange Seite.
Wer ist weiter gelaufen?
Wie groß ist der Unterschied?
Zeichne. Nimm ein Kästchen für 1 m.

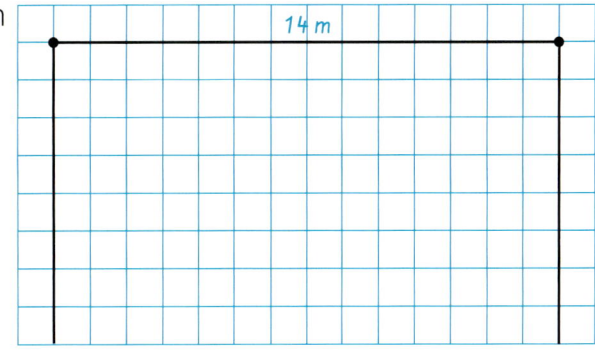

14 m

Multiplizieren und Dividieren

1

3 · 4 =

4 + 4 + 4 =

2

5 · 5 =

5 + 5 + 5 + 5 + 5 =

3 mal 4

5 mal 5

1 a)

2 · 3 =

3 + 3 =

b)

· =

+ + + =

2 a)

· =

+ + =

b)

· =

+ + + + + =

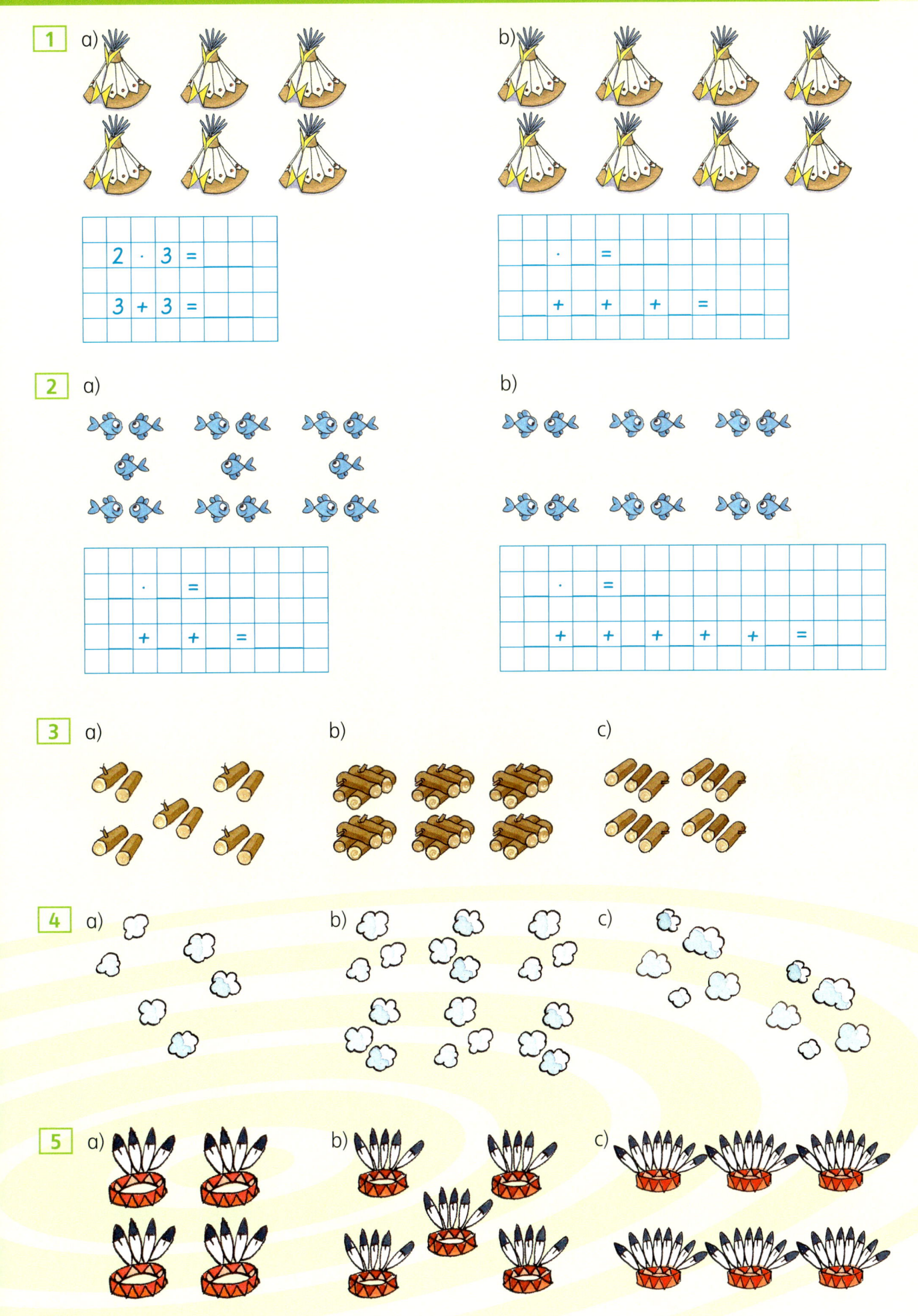

3 a) b) c)

4 a) b) c)

5 a) b) c)

6 Finde eigene Aufgaben.

Multiplizieren mit allen Sinnen

1 Falte und steche ein. Schreibe die Mal-Aufgabe und die Plus-Aufgabe.

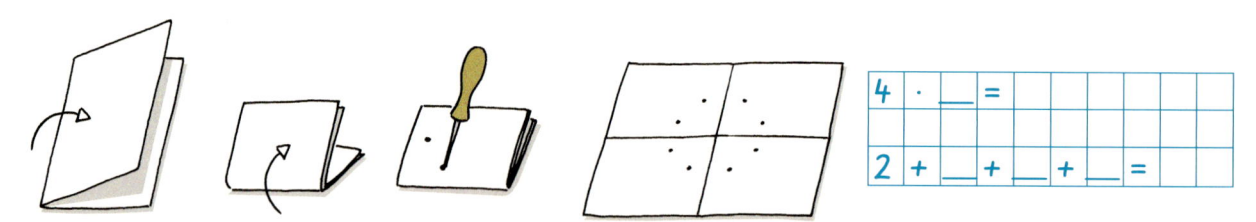

4	·	___	=			
2	+	___	+	___	+	___	=

2 Wie viele Punkte sind es? Schreibe die Mal-Aufgabe und die Plus-Aufgabe.

a)   b) 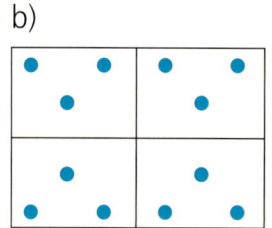   c) 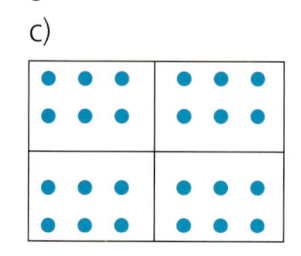   d)

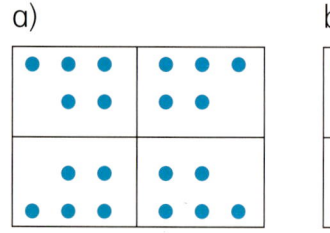

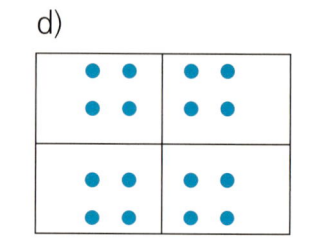

3 Wie viele Punkte sind es? Schreibe die Mal-Aufgabe und die Plus-Aufgabe.

a)   b) 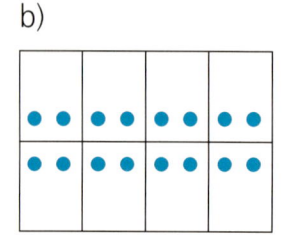   c) 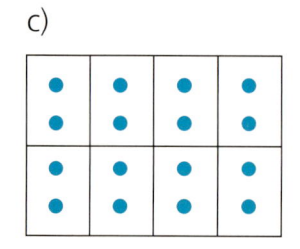   d)

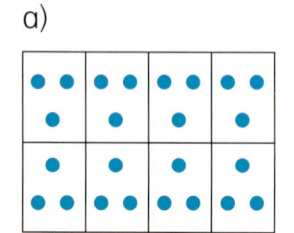

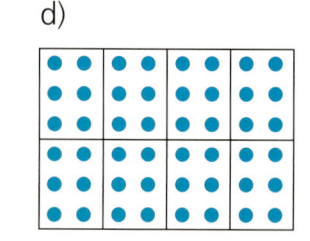

Malnehmen mit allen Sinnen

4

5

6

7

1 Wie viele Töne sind es? Schreibe die Mal-Aufgabe und die Plus-Aufgabe.

a) ♪♪♪ ♪♪♪ ♪♪♪ ♪♪♪   b) ♪♪♪ ♪♪♪ ♪♪♪

c) ♪♪♪♪ ♪♪♪♪ ♪♪♪♪   d) ♪♪ ♪♪ ♪♪ ♪♪

e) ♪♪♪ ♪♪♪ ♪♪♪ ♪♪♪ ♪♪♪ ♪♪♪

2 Wie heißen die Mal-Aufgaben?

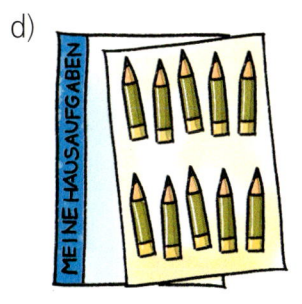

a)   b)   c)   d)

3 Male selbst ein Bild zu:
a) 4 · 3   b) 2 · 5   c) 6 · 2   d) 2 · 4   e) 5 · 3

Malnehmen mit allen Sinnen

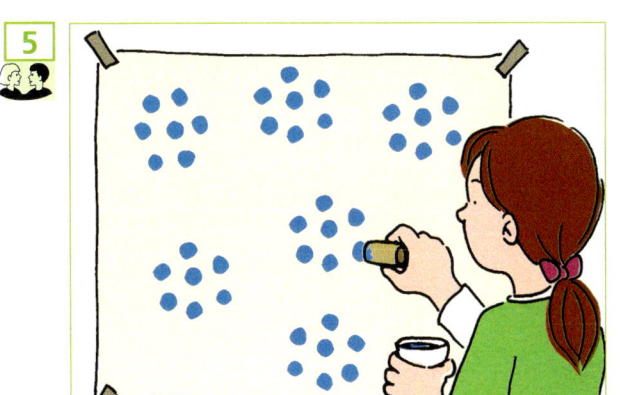

4

5

6

Ich sammle meine Mal-Aufgaben.

3 · 4 = 12
6 · 4 = 24
5 · 8 = 40

58 Aufgabe und Tauschaufgabe

1 Ich sehe 3 + 3 + 3 + 3, also 4 · 3 = 12 Flaschen.

Ich sehe 4 + 4 + 4, also 3 · 4 = 12 Flaschen. Das ist die Tauschaufgabe.

2 Schreibe zwei Mal-Aufgaben.
a)
b)

3 Schreibe zu jedem Punktefeld zwei Mal-Aufgaben.

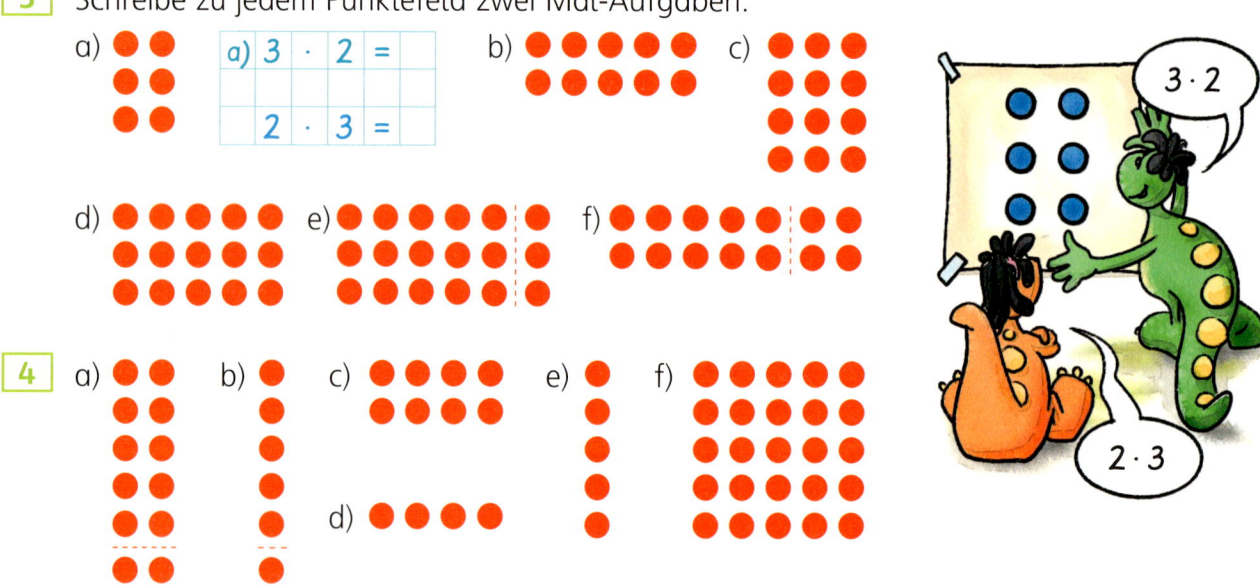

a) 3 · 2 =
    2 · 3 =

b)　c)　d)　e)　f)

4 a)　b)　c)　d)　e)　f)

5 Zeichne zu jeder Aufgabe ein Punktefeld. Schreibe Aufgabe und Tauschaufgabe dazu.
a) 3 · 2　　b) 2 · 6　　c) 4 · 6　　d) 4 · 3　　e) 7 · 1

6 Rechne Aufgabe und Tauschaufgabe. Ein Punktefeld kann dir helfen.
a) 4 · 2　　b) 5 · 3　　c) 2 · 5　　d) 5 · 4　　e) 2 · 8

7 Welche Mal-Aufgaben findest du?
a)　b)　c)　d)　e)　f)

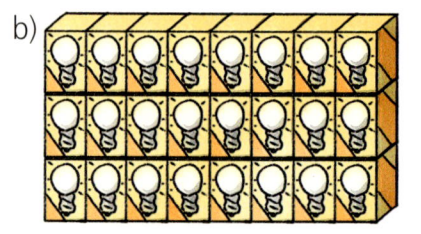

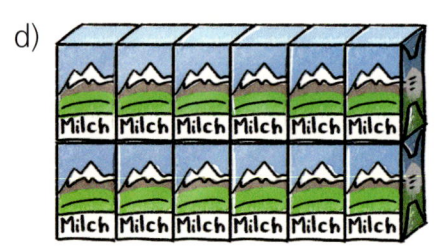

Mal-Aufgaben mit der Null

1 Ratespiel: In jeder Hand gleich viele Plättchen
Spielt. Nennt bei jedem Spiel auch immer die Mal-Aufgabe.

a)   b)    c)

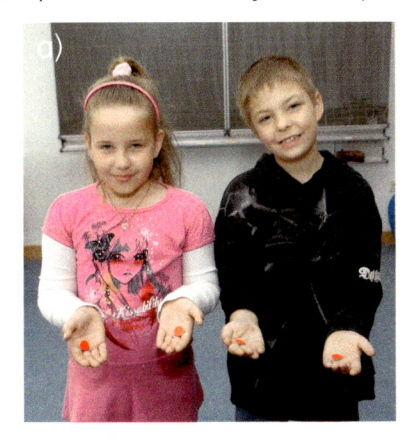

2 a) 4 · 2   b) 4 · 3   c) 2 · 3   d) 6 · 1   e) 8 · 2
       4 · 4   4 · 0   2 · 0   6 · 0   8 · 0

3 a)   b)   c)   d)

3 · 5 ____   _____   _____   _____

4 a) 2 · 3   b) 2 · 4   c) 3 · 2   d) 1 · 6   e) 0 · 5
      1 · 3   1 · 4   0 · 2   0 · 0   3 · 5
      0 · 3   0 · 4   2 · 2   0 · 6   1 · 5

5 Aufgepasst!

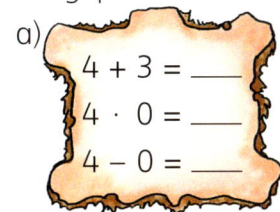

a) 4 + 3 = ___
   4 · 0 = ___
   4 − 0 = ___

b) 10 · 0 = ___
   10 + 0 = ___
   10 − 0 = ___

c) 0 · 5 = ___
   0 + 5 = ___
   5 − 5 = ___

d) 1 · 0 = ___
   0 + 1 = ___
   0 · 1 = ___

6 Welche Zahlen musst du einsetzen?

a) 3 · ☐ = 0
   3 − ☐ = 0
   3 · ☐ = 3

b) 4 + ☐ = 4
   4 − ☐ = 4
   4 − ☐ = 0

c) ☐ · 1 = 0
   ☐ · 1 = 1
   ☐ + 1 = 1

d) ☐ − 7 = 0
   7 · ☐ = 0
   ☐ · 7 = 0

Einmal, zweimal, dreimal ...

1 Indianer „Blaue Welle" angelt jeden Tag am Fluss vier Fische für das Abendessen.

Montag Dienstag Mittwoch Donnerstag Freitag

Eine Woche hat 7 Tage.

a) Schreibe die Mal-Aufgabe.
b) „Blaue Welle" angelt in einer Woche _____ Fische.

2 Indianer „Schnelle Angel" angelt jeden Tag fünf Fische.
Fülle die Tabelle weiter aus.

Tage	Fische
1	5
2	1 0
3	1 5
4	

3 Indianer „Langsames Netz" angelt jeden Tag zwei Fische.
Schreibe eine Tabelle.

4 a) Indianer „Fleißiger Fänger" angelt von Montag bis Freitag jeden Tag sechs Fische.
b) „Schnelle Angel" meint: „Ich angle von Montag bis Samstag genauso viele Fische wie „Fleißiger Fänger". Stimmt das?

5 Familie Meier bekommt jeden Tag vier Brötchen.

Montag Dienstag Mittwoch Donnerstag Freitag

Schreibe die Mal-Aufgabe.
Familie Meier bekommt in einer Woche _____ Brötchen.

Malnehmen mit allen Sinnen

6 Nimm immer drei Klötze.
   a) Greife dreimal.   3 · 3 = ___
   b) Greife fünfmal.   5 · 3 = ___
   c) Greife sechsmal.   ___ · 3 = ___
   d) Greife zehnmal.   ___ · 3 = ___

7 Nimm immer sechs Klötze.
   a) Greife zweimal.   ___ · 6 = ___
   b) Greife viermal.   ___ · 6 = ___

8 Nimm immer vier Klötze.
   a) Greife zweimal.   b) Greife fünfmal.   c) Greife zehnmal.
   d) Greife viermal.   e) Greife sechsmal.   f) Greife achtmal.

... am Zahlenstrahl

1 Wie weit springen die Tiere? Erzähle.

2 Der Baummarder macht viele Zweier-Sprünge.
Wo landet er? Schreibe zehn Zahlen auf. 2, 4, 6,

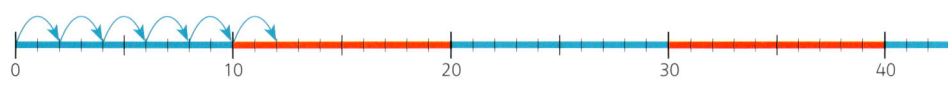

Immer 2 m, das sind Zweier-Sprünge.

a) Der Baummarder macht zwei Zweier-Sprünge: 2 · 2 = ___
b) Der Baummarder macht vier Zweier-Sprünge: 4 · 2 = ___
c) Der Baummarder macht sieben Zweier-Sprünge: 7 · ___ = ___

3 Der Fuchs macht viele Dreier-Sprünge. Wo landet er?
Schreibe zehn Zahlen auf. 3, 6, 9, 12,

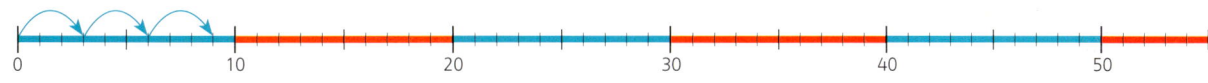

a) Der Fuchs macht drei Dreier-Sprünge: 3 · 3 = ___
b) Der Fuchs macht neun Dreier-Sprünge: ___ · ___ = ___

4 a) Der Fuchs landet bei 15 m. Wie oft ist er gesprungen?
b) Der Fuchs landet bei 30 m. Wie oft ist er gesprungen?

5 Der Rothirsch macht viele Neuner-Sprünge. Wo landet er? Schreibe fünf Zahlen auf.

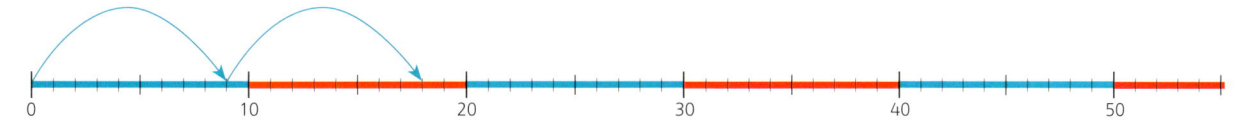

a) Der Rothirsch macht vier Neuner-Sprünge: ___ · ___ = ___
b) Der Rothirsch macht drei Neuner-Sprünge: ___ · ___ = ___

6 Vergleiche die Sprünge von Fuchs und Rothirsch. Was fällt dir auf?

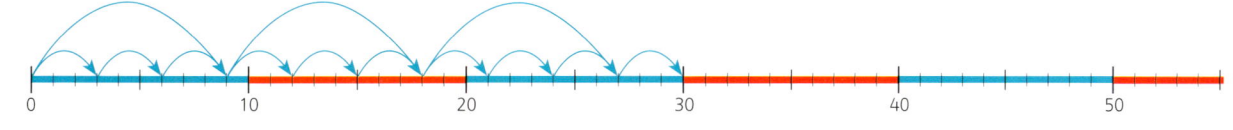

Der Fuchs muss _____ so oft springen wie der Rothirsch, um genauso weit zu kommen.

62 Durch-Aufgaben 3|2|1

1 *Immer 4 in einer Gruppe.*

Es sind 12 Kinder.   Es sind ___ Gruppen.

1 2 : 4 =
1 2 durch 4

2 Es sind 15 Kinder.

Immer drei Kinder sind in einer Gruppe.   1 5 : 3 =
Es sind ___ Gruppen.

3 Es sind 20 Kinder.
a) Immer vier Kinder in einer Gruppe,   b) immer zwei Kinder,   c) immer zehn Kinder,
d) immer fünf Kinder.

2 0 : 4 =   Es sind ___ Gruppen.

4 Es sind 16 Kinder.
a) Immer acht Kinder in einer Gruppe,   b) immer vier Kinder,
c) immer zwei Kinder.

5 Es sind 24 Kinder.
a) Immer acht Kinder in einer Gruppe,   b) immer vier Kinder,
c) immer zwei Kinder,   d) immer drei Kinder.

Durch-Aufgabe und Mal-Aufgabe

1 a) *Ich lege immer Dreier-Gruppen!*
b) *Ich lege immer Sechser-Gruppen!*

Es sind 12 Plättchen,
immer drei Plättchen in einer Gruppe.
Es sind ___ Gruppen.
Durch-Aufgabe: 12 : 3 = ___
Mal-Aufgabe: ___ · 3 = 12

Es sind 12 Plättchen,
immer sechs Plättchen in einer Gruppe.
Es sind ___ Gruppen.
Durch-Aufgabe: 12 : 6 = ___
Mal-Aufgabe: ___ · 6 = 12

2 Nimm 20 Plättchen.
a) Ordne die Plättchen wie Zahline.
Wie viele Vierer kannst du legen?

2 0 : 4 = ___ , denn ___ · 4 = 2 0

b) Wie viele Fünfer kannst du legen?
Schreibe die Durch-Aufgabe und
die Mal-Aufgabe dazu.

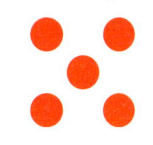

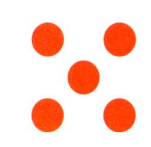

3 Es sind 18 Plättchen. Male in dein Heft.
Schreibe die Durch-Aufgabe
und die Mal-Aufgabe dazu.
a) Immer sechs Plättchen in einer Gruppe

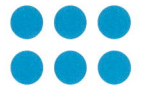

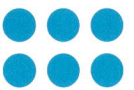

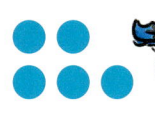

1 8 : 6 = 3, denn 3 · 6 = 1 8

b) Immer zwei Plättchen.
c) Immer neun Plättchen.
d) Immer drei Plättchen.

4 Nimm 24 Plättchen. Lege oder male.
Schreibe die Durch-Aufgabe und Mal-Aufgabe dazu.
a) Immer sechs in einer Gruppe   b) Immer acht in einer Gruppe   c) Was geht noch?

5 Lege oder male. Schreibe die Mal-Aufgabe dazu.
a) 8 : 2   b) 15 : 5   c) 9 : 3   d) 14 : 2   e) 16 : 4
6 : 3   21 : 3   24 : 4   14 : 7   24 : 6

64 Durch-Aufgaben 3 | 2 | 2

1 a) b)

Es sind 12 Kinder,
immer gleich viele auf vier Bänken.
Auf jeder Bank sitzen ___ Kinder.
Durch-Aufgabe: 12 : 4 = ___
Mal-Aufgabe: 4 · ___ = 12

Es sind 20 Kinder,
immer gleich viele auf vier Bänken.
Auf jeder Bank sitzen ___ Kinder.
Durch-Aufgabe: 20 : 4 = ___
Mal-Aufgabe: 4 · ___ = 20

2 Verteile 12 Plättchen, in jeder Gruppe sind gleich viele.
Wie viele Plättchen sind in jeder Gruppe?
Schreibe die Durch-Aufgabe und die Mal-Aufgabe dazu.

a) Verteile auf drei Gruppen.

a)	1	2	:	3	=		
			3	·		= 1	2

b) Verteile auf zwei Gruppen,   c) auf vier Gruppen,   d) auf sechs Gruppen.

3 Verteile 15 Plättchen, in jeder Gruppe sind gleich viele.
Wie viele Plättchen sind in jeder Gruppe?
Schreibe die Durch-Aufgabe und die Mal-Aufgabe dazu.

a) Verteile auf fünf Gruppen.   b) Verteile auf drei Gruppen.

4 Verteile 10 Plättchen. In jeder Gruppe sollen gleich viele Plättchen sein.
Welche Möglichkeiten hast du?

5 Wahr oder falsch? In jeder Gruppe sollen gleich viele Plättchen sein.

Tim: Ich kann 10 Plättchen auf drei Gruppen verteilen.

Jana: Ich kann 14 Plättchen auf zwei Gruppen verteilen.

Steffi: Ich schaffe es nicht, 20 Plättchen auf drei Gruppen zu verteilen. Aber wenn ich ein Plättchen mehr habe, geht es.

Multiplizieren und Dividieren

1 Viele Mal-Aufgaben. Schreibe zu jeder Mal-Aufgabe auch die Durch-Aufgabe.

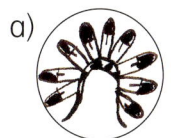

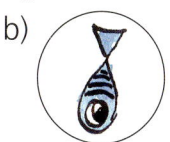

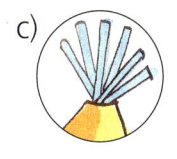

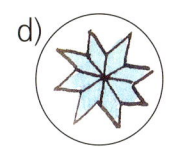

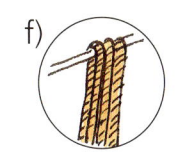

a) 5 · 9 = ___ 45 : 9 = ___
b) 2 · 5 = ___ 10 : 2 = ___
c)
d)
e)
f)
g)
h)

2 Findest du noch weitere Mal-Aufgaben? Schreibe immer die Durch-Aufgabe dazu.

Das Einmaleins

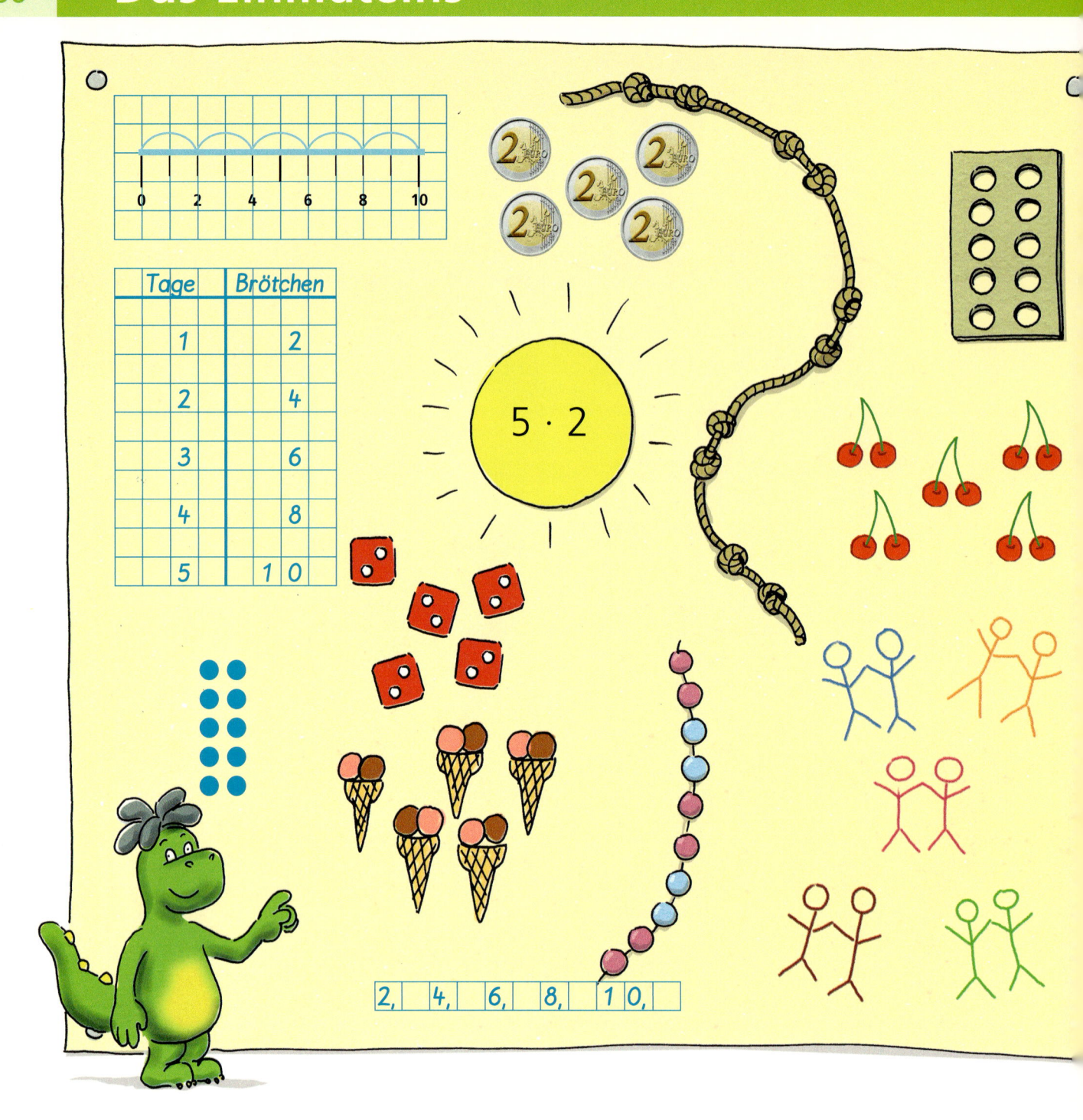

Tage	Brötchen
1	2
2	4
3	6
4	8
5	10

5 · 2

2, 4, 6, 8, 10,

2 Malt ein Plakat zu der Aufgabe 6 · 2.

Einmaleins mit 2

1 Mal-Aufgaben mit Füßen

a) 3 Kinder   b) 5 Kinder

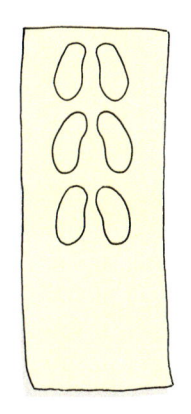

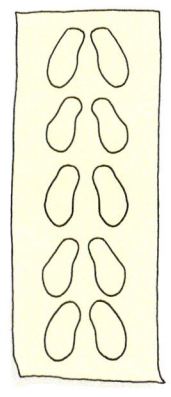

3 · 2 = ___   5 · 2 = ___
Es sind   Es sind
___ Füße.   ___ Füße.

Zeigt her eure Füße,
zeigt her eure Schuh,
und sehet den
fleißigen Schulkindern zu

1. Sie rechnen, sie rechnen,
sie rechnen
den ganzen Tag

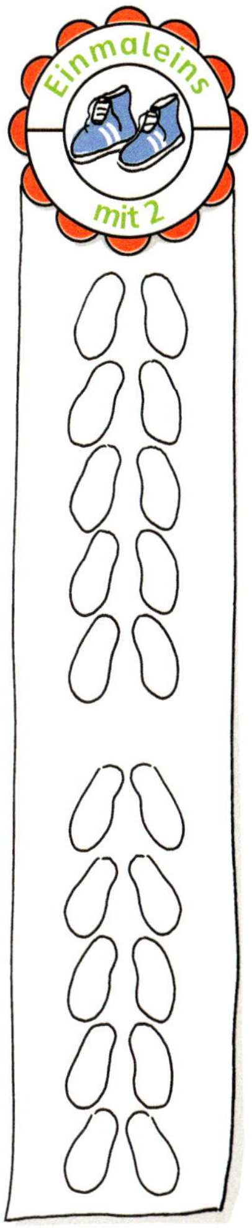

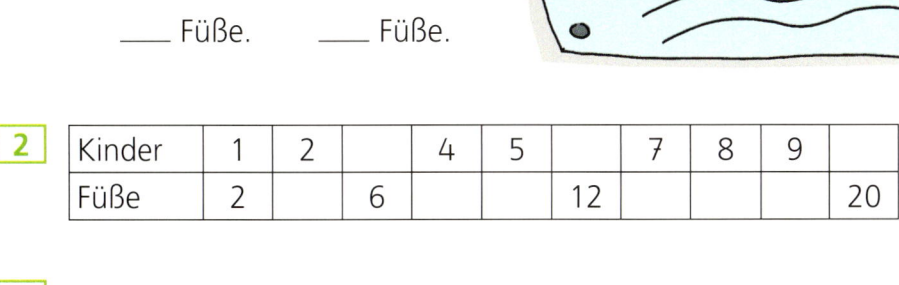

2

Kinder	1	2		4	5		7	8	9	
Füße	2		6			12				20

3 Welche Zahlen gehören zur Zweier-Reihe?
Schreibe die Mal-Aufgabe dazu.

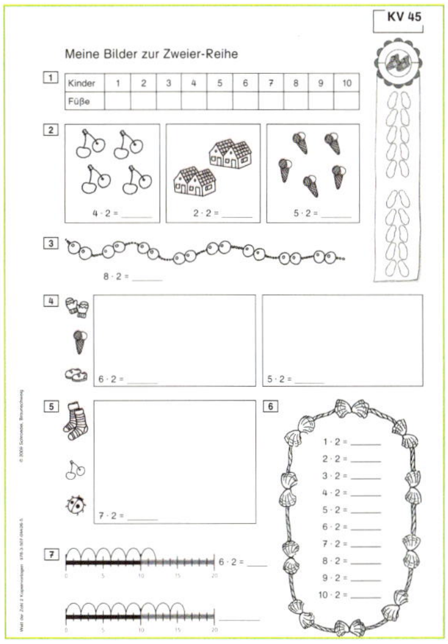

7   14   1   8   15   2   9   16   3   10   17

4
a) 2 · 2   b) 5 · 2   c) 8 · 2
   3 · 2   6 · 2   9 · 2
   4 · 2   7 · 2   10 · 2

5
a) ___ · 2 = 8   b) ___ · 2 = 20
   ___ · 2 = 10   ___ · 2 = 18
   ___ · 2 = 12   ___ · 2 = 16
   ___ · 2 = 6   ___ · 2 = 14
   ___ · 2 = 4   ___ · 2 = 2

6 In Zweiersprüngen vorwärts und rückwärts.

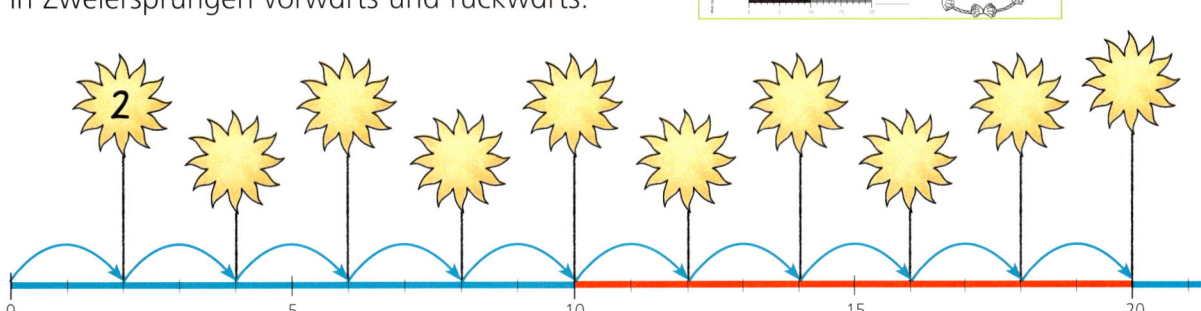

7 Schreibe alle Aufgaben zur Zweier-Reihe auf.

68 Verdoppeln 4 | 1 | 2

1 Zahlix hat viele Sachen in seinem Beutel. Die Zwillinge „Schneller Pfeil" und „Adlerauge" haben in ihrem Beutel von allem das Doppelte.

Für die Beiden zweimal so viel.

2 · 4 = ___
2 · 7 = ___
2 · 3 = ___
2 · 6 = ___

4 Perlen
7 Federn
3 Felle
6 Murmeln

___ Perlen
___ Federn
___ Felle
___ Murmeln

2 Wie heißt die passende Mal-Aufgabe? Rechne.
a) Das Doppelte von 4
b) Das Doppelte von 7
c) Das Doppelte von 9
d) Das Doppelte von 8
e) Das Doppelte von 10
f) Das Doppelte von 11
g) Das Doppelte von 20
h) Das Doppelte von 25
i) Das Doppelte von 16

3 Schreibe immer Aufgabe und Tauschaufgabe auf.

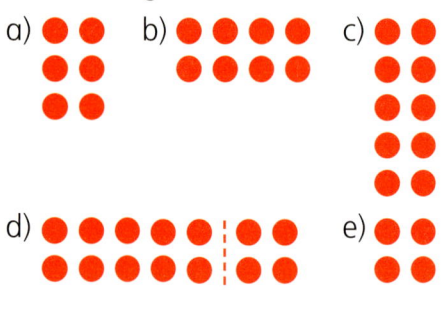

a) b) c) d) e)

6 · 2

Das Doppelte von 6
2 · 6

4 Schreibe zu jeder Aufgabe auch die Tauschaufgabe.
a) 5 · 2
b) 4 · 2
c) 7 · 2
d) 9 · 2
e) 2 · 3
f) 2 · 8
g) 2 · 10
h) 2 · 6

a) 5 · 2 = 10
   2 · 5 = 10

5 Vergleiche die Ergebnisse.
a) 2 · 2
   2 · 4
b) 2 · 3
   2 · 6
c) 2 · 4
   2 · 8
d) 2 · 5
   2 · 10
e) 2 · 10
   2 · 20
f) 2 · 20
   2 · 40

6
a) START −4, ·2, +8
b) START −5, ·2, +10
c) START −10, ·2, +20

d) Die Zielzahl ist immer das ___ der Startzahl.

5 Starke Aufgaben: Gesetzmäßigkeiten erkennen.

Halbieren

69

Wir wollen alles gerecht teilen.

1 Verteile gerecht: Die Hälfte für „Adlerauge", die andere Hälfte für „Schneller Pfeil".

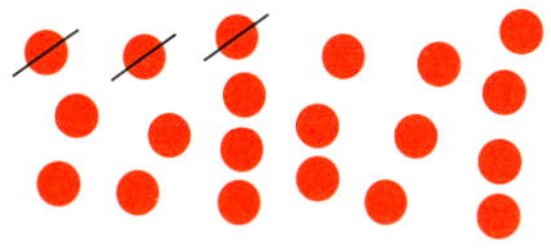

20 : 2 = ___
___ Murmeln für 👁
___ Murmeln für ➳

2 a) 12 Federn
12 : 2 = ___
___ Federn für 👁
___ Federn für ➳

b) 10 Rasseln
10 : 2 = ___
___ Rasseln für 👁
___ Rasseln für ➳

c) 16 Pfeile
16 : 2 = ___
___ Pfeile für 👁
___ Pfeile für ➳

3 Wie heißt die Durch-Aufgabe? Rechne. Die Hälfte von
a) 4 b) 8 c) 16 d) 12 e) 20
f) 22 g) 40 h) 30 i) 32 j) 38

4 *Schade!*   0 : 2 = 0

5 Vergleiche die Ergebnisse.
a) 16 : 2   b) 4 : 2   c) 12 : 2   d) 8 : 2   e) 20 : 2   f) 40 : 2
    8 : 2   2 : 2   6 : 2   4 : 2   10 : 2   20 : 2

6 a) (Startzahlen: 3, 4, 2, 0, 5; · 2, + 10, : 2)

b) Die Zielzahl ist immer um _____ als die Startzahl.

7 a) (Startzahlen: 7, 9, 0, 6, 8; verdoppeln, halbieren)

b) Die Zielzahl ist immer _____ Startzahl.

5 Starke Aufgaben: Gesetzmäßigkeiten erkennen und notieren.

Einmaleins mit 10 und 5

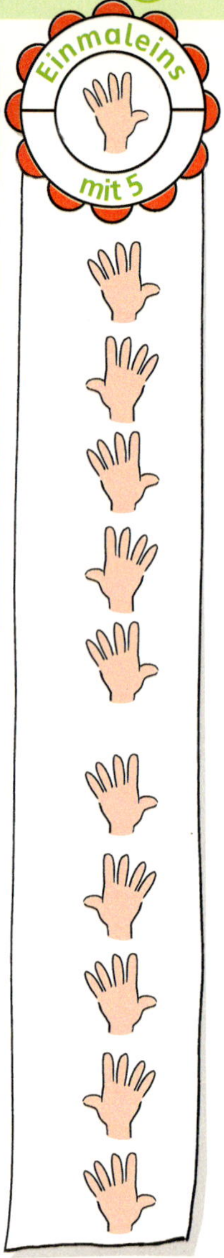

1

2 Wie viele Finger sind es? Schreibe zwei Mal-Aufgaben dazu.

Mein 1·1 -Heft

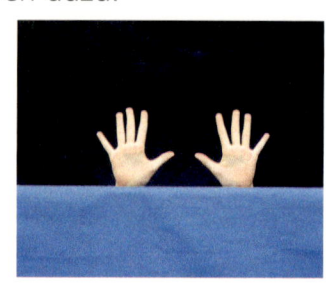

3

Hände	1	2			5		7	8		10
Finger	5		15	20		30			45	

4 Das Einmaleins mit 10 ist leicht.

3 · 10   5 · 10   2 · 10   7 · 10   9 · 10   10 · 10

5 a) 4 · 10   b) 3 · 10   c) 2 · 10   d) 5 · 10   e) 6 · 10
        8 · 5   6 · 5   4 · 5   10 · 5   12 · 5

6 Zeige am Punktefeld und rechne. Was stellst du fest?

a) 2 · 10   2 · 5

b) 4 · 10   c) 6 · 10   d) 8 · 10   e) 3 · 10   f) 5 · 10
   4 · 5   6 · 5   8 · 5   3 · 5   5 · 5

g) Das zweite Ergebnis ist immer _____ vom ersten Ergebnis.

7 a) 10 · 6   b) 10 · 3   c) 10 · 5   d) 10 · 7   e) 10 · 8
        5 · 6   5 · 3   5 · 5   5 · 7   5 · 8

f) Das zweite Ergebnis ist immer _____ vom ersten Ergebnis.

5 bis 7 Starke Aufgaben: Gesetzmäßigkeiten erkennen und notieren.

Dividieren durch 10 und 5

1 In Zehner-Sprüngen vorwärts und rückwärts.

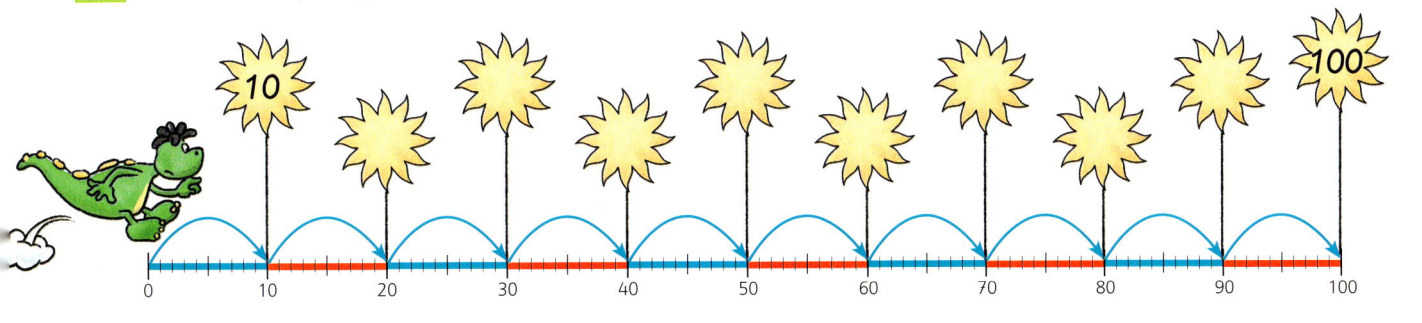

2 Wie viele Sprünge sind es für Zahlix?

a)  20   b)  40   c)  60   d)  90

20 : 10 = ___   _____   _____   _____

3
a) 10 : 10   b) 50 : 10   c) 20 : 10   d) 80 : 10   e) 100 : 10
   30 : 10   70 : 10   40 : 10   90 : 10   110 : 10

4 In Fünfer-Sprüngen vorwärts und rückwärts.

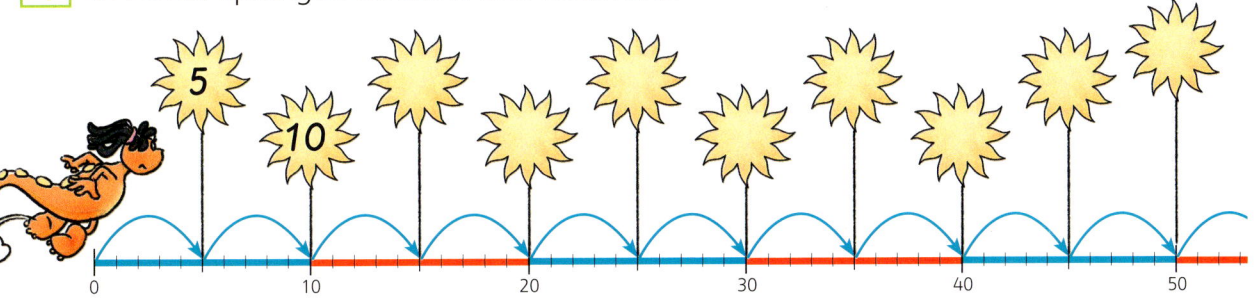

5 Wie viele Sprünge sind es für Zahline?

a)  15   b)  25   c)  40   d)  35

15 : 5 = ___   _____   _____   _____

6
a) 20 : 5   b) 40 : 5   c) 50 : 5   d) 10 : 5   e) 30 : 5
   10 : 5   20 : 5   25 : 5   5 : 5   15 : 5

7

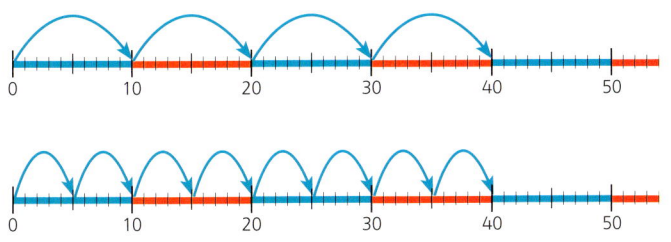

Ich bin bei 40 gelandet. *Ich auch!*

8
a) 20 : 10   b) 30 : 10   c) 50 : 10   d) 10 : 10   e) 60 : 10
   20 : 5   30 : 5   50 : 5   10 : 5   60 : 5

f) Das zweite Ergebnis ist immer _____ vom ersten Ergebnis.

8 Starke Aufgaben: Gesetzmäßigkeiten erkennen und notieren.

Sonnen-Aufgaben

1 *Die Fünfer-Reihe habe ich schon eingetragen. Jetzt fehlt noch die Zehner-Reihe.*

Ich trage die Tauschaufgaben ein.

•	1	2	3	4	5	6	7	8	9	10
1	1	2	3	4	5	6	7	8	9	10
2	2	4	6	8	10	12	14	16	18	20
3	3	6			15					
4	4	8			20					
5	5	10			25					
6	6	12			30					
7	7	14			35					
8	8	16			40					
9	9	18			45					
10	10	20			50					

2 Zeige am Punktefeld eine Mal-Aufgabe der Fünfer-Reihe. Dein Nachbar nennt immer Aufgabe und Tauschaufgabe.

3 Schreibe auch die Tauschaufgabe dazu.

a) 4 · 2   a) 4 · 2 =
    6 · 2
    10 · 2   2 · 4 =

b) 3 · 2
    5 · 2
    8 · 2

c) 2 · 5
    8 · 5
    10 · 5

d) 1 · 10
    7 · 10
    8 · 10

e) 3 · 5
    6 · 5
    8 · 5

4
a) ☀ 2 · 3   b) ☀ 2 · 4   c) ☀ 2 · 6
   ☀ 5 · 3   ☀ 5 · 4   ☀ 5 · 6
   ☀ 10 · 3   ☀ 10 · 4   ☀ 10 · 6

d) ☀ 2 · 8   e) ☀ 2 · 9   f) ☀ 2 · 7
   ☀ 5 · 8   ☀ 5 · 9   ☀ 5 · 7
   ☀ 10 · 8   ☀ 10 · 9   ☀ 10 · 7

Sonnen-Aufgaben kann ich schon!

5

a) : 2
10	
16	
20	

b) : 5
20	
30	
45	

c) : 10
100	
70	
60	

d) : 2
	7
18	
	6

e) : 5
10	
	10
	5

6
a) *Meine Zahlen liegen in der Zweier-Reihe und in der Zehner-Reihe.*

b) *Meine Zahlen liegen in der Fünfer-Reihe und in der Zehner-Reihe.*

c) *Meine Zahlen liegen in der Zweier-Reihe und in der Fünfer-Reihe.*

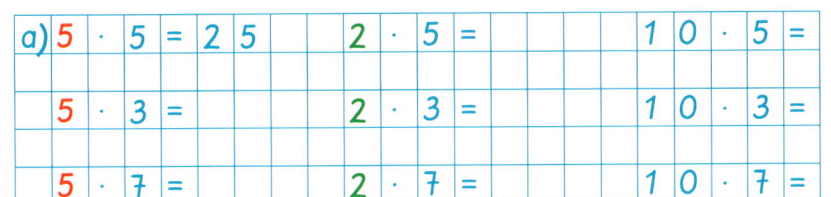

Von Sonnen-Aufgaben zu Nachbaraufgaben

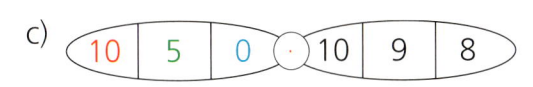

1 a) 5 | 2 | 10 · 5 | 3 | 7

a) 5 · 5 = 25	2 · 5 =	10 · 5 =
5 · 3 =	2 · 3 =	10 · 3 =
5 · 7 =	2 · 7 =	10 · 7 =

b) 10 | 5 | 2 · 2 | 4 | 6

c) 10 | 5 | 0 · 10 | 9 | 8

2 Wer Sonnen-Aufgaben kennt, kann auch Nachbaraufgaben ausrechnen.

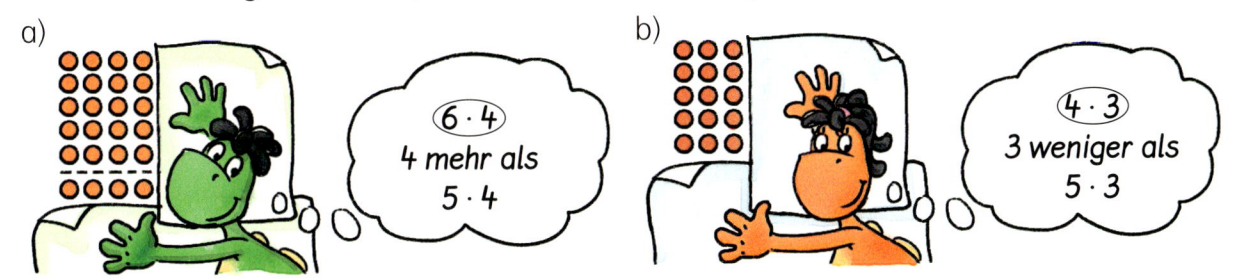

a) 6 · 4
4 mehr als
5 · 4

b) 4 · 3
3 weniger als
5 · 3

3 Zeige am Punktefeld und löse die Sonnen-Aufgaben und die Nachbaraufgaben.

a) 4 · 9	b) 4 · 8	c) 4 · 3	d) 4 · 7	e) 4 · 6
☀ 5 · 9	☀ 5 · 8	☀ 5 · 3	☀ 5 · 7	☀ 5 · 6
6 · 9	6 · 8	6 · 3	6 · 7	6 · 6

4
a) 9 · 3	b) 9 · 7	c) 9 · 6	d) 9 · 4	e) 9 · 5
☀ 10 · 3	☀ 10 · 7	☀ 10 · 6	☀ 10 · 4	☀ 10 · 5
11 · 3	11 · 7	11 · 6	11 · 4	11 · 5

5 Welche Nachbaraufgaben kennst du?

a) ☀ 5 · 4 = 20
    4 · 4 = ___
    ___

b) ☀ 5 · 3 = ___
    ___
    ___

c) ☀ 5 · 6 = ___
    ___
    ___

d) ☀ 5 · 8 = ___
    ___
    ___

6 Welche Sonnen-Aufgabe nutzt du?

a) 4 · 6 = ___
    ☀ 5 · 6 = ___

b) 9 · 3 = ___
    ☀ ___

c) 6 · 7 = ___
    ☀ ___

d) 3 · 9 = ___
    ☀ ___

7 Aufgepasst!

a) 10 · 5	b) 8 · 2	c) 35 : 5	d) 18 + 2	e) 12 : 2
10 − 5	8 + 2	35 − 5	18 : 2	12 − 2
10 : 5	8 : 2	35 + 5	18 − 2	12 · 2

8 Welches Rechenzeichen passt? ☐+☐ ☐−☐ ☐·☐ ☐:☐

a) 15 ☐ 5 = 3	b) 10 ☐ 2 = 20	c) 30 ☐ 10 = 40	d) 10 ☐ 5 = 50
15 ☐ 5 = 10	10 ☐ 2 = 5	30 ☐ 10 = 3	10 ☐ 5 = 5
15 ☐ 5 = 20	10 ☐ 2 = 8	30 ☐ 10 = 20	10 ☐ 5 = 2

Einmaleins mit 4

1 Wie viele Beine sind es? Schreibe die Mal-Aufgabe.

a)

b)

c)

2

Pferde	1	2		4		6	7		9	
Beine	4		12		20			32		40

3 Welche Zahlen gehören zur Vierer-Reihe? Schreibe die Mal-Aufgabe dazu.

8   10   12   15   20   24   28   30   32   35

4 Zeige am Punktefeld eine Mal-Aufgabe der Vierer-Reihe. Dein Nachbar schreibt immer Aufgabe und Tauschaufgabe.

5 Zeige die Mal-Aufgabe am Punktefeld. Deine Nachbarin sagt das Ergebnis.

a) 6 · 4   b) 10 · 4   c) 8 · 4
   3 · 4   9 · 4   4 · 4
   0 · 4   8 · 4   2 · 4

6 a) ___ · 4 = 8   b) ___ · 4 = 20   c) ___ · 4 = 16   d) ___ · 4 = 36
      ___ · 4 = 12   ___ · 4 = 40   ___ · 4 = 32   ___ · 4 = 24

7 Immer das Doppelte.

a) 2 · 2   b) 2 · 3   c) 2 · 10   d) 2 · 30   e) 2 · 11
   2 · 4   2 · 9   2 · 50   2 · 35   2 · 22
   2 · 8   2 · 7   2 · 30   2 · 10   2 · 44

8 Immer die Hälfte.

a) 20 : 2   b) 18 : 2   c) 20 : 2   d) 20 : 2   e) 70 : 2
   16 : 2   10 : 2   40 : 2   28 : 2   50 : 2
   12 : 2   14 : 2   60 : 2   24 : 2   30 : 2

Weiter im 1 · 1-Heft: Tabelle, Bilder zur Vierer-Reihe, alle Aufgaben der Vierer-Reihe.

1 Von Sonnen-Aufgaben zu Nachbaraufgaben.

a) ☀ 2 · 4 b) ☀ 5 · 4 c) ☀ 5 · 4 d) ☀ 10 · 4
   3 · 4   6 · 4   4 · 4   9 · 4
   4 · 4   7 · 4   3 · 4   8 · 4

2 Weiter auf der Büffelhaut. Trage die Zahlen der Vierer-Reihe ein. Trage auch die Tauschaufgaben ein.

3 Manchmal hilft die Tauschaufgabe.

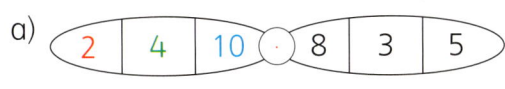

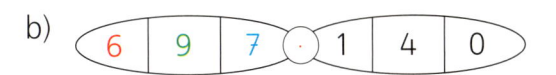

a) 2 4 10 · 8 3 5

b) 6 9 7 · 1 4 0

4 In Vierer-Sprüngen vorwärts und rückwärts.

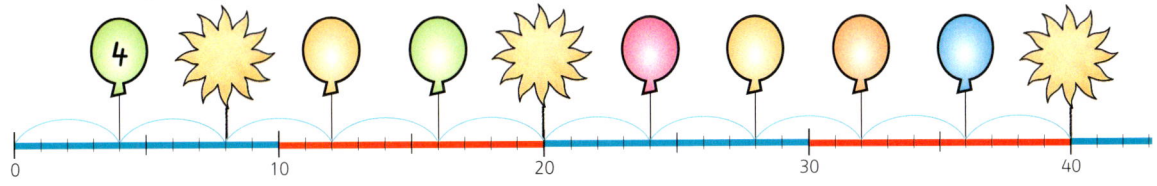

5 Wie viele Sprünge sind es?

a) 40   b) 20   c) 28   d) 32

40 : 4 = ___

6
a) 20 : 4   b) 8 : 4   c) 40 : 4   d) 36 : 4   e) 32 : 4
   24 : 4   12 : 4   36 : 4   28 : 4   24 : 4
   28 : 4   16 : 4   32 : 4   20 : 4   16 : 4

7
a) 20 : 4   b) 8 : 4   c) 16 : 4   d) 12 : 4   e) 24 : 4
   40 : 4   28 : 4   36 : 4   32 : 4   44 : 4

f) Vergleiche die beiden Ergebnisse.
   Das zweite Ergebnis ist immer um _____ als das erste Ergebnis.

8 a)

b) Die Zielzahl ist immer um _____ als die Startzahl.

9 a)

b) Die Zielzahl ist immer um _____ als die Startzahl.

6, 7 Starke Aufgaben. 6 Gesetzmäßigkeiten erkennen und Aufgabenfolge fortsetzen.
7 Gesetzmäßigkeit erkennen und notieren.

76 Einmaleins mit 3

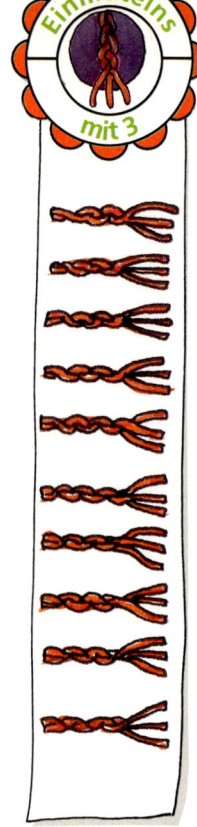

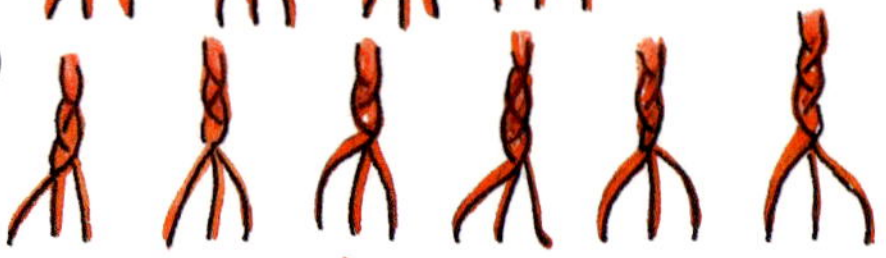

1 Wie viele Fäden brauchen die Kinder?
Schreibe die Mal-Aufgabe.

a) 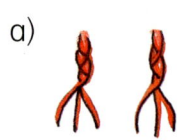
b)
c)
d)

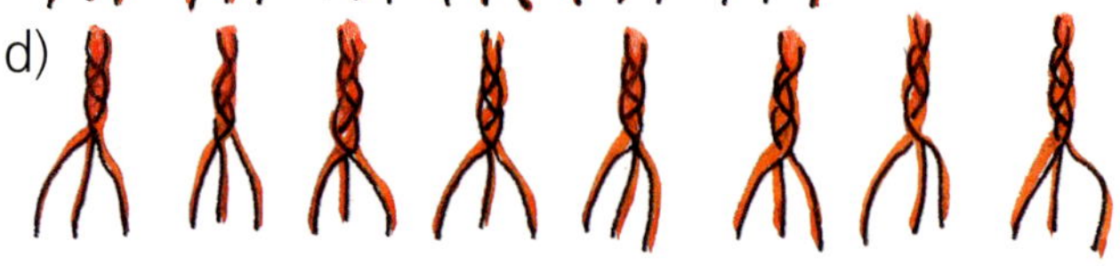

Mein 1·1-Heft

2

Bänder	1			4	5	6			9	
Fäden	3	6	9				21	24		30

3 Welche Zahlen gehören zur Dreier-Reihe? Schreibe die Mal-Aufgabe dazu.

3   5   9   11   15   18   20   21   25   27

4 Zeige eine Mal-Aufgabe der Dreier-Reihe.
Dein Nachbar schreibt immer
Aufgabe und Tauschaufgabe.

5 Zeige die Mal-Aufgabe am Punktefeld.
Deine Nachbarin sagt das Ergebnis.

a) 6 · 3   b) 7 · 3   c) 8 · 3
   3 · 3   4 · 3   5 · 3
   0 · 3   1 · 3   2 · 3

6

a) +3

30	
	20
18	

0 3 6

b) −3

12	
	21
15	

9 12 15

c) +6

9	
	12
24	

17 18 21 24

d) +9

27	
	27
	9

30 33 36

e) −9

12	
	33
48	

39 40 42

7

a)
12 + 3
15 + 3
18 + 3

b)
21 + 6
24 + 6
27 + 6

c)
15 + 9
18 + 9
21 + 9

d)
42 − 6
36 − 6
30 − 6

e)
42 − 9
36 − 9
30 − 9

2 Weiter im 1·1-Heft: Tabelle, Bilder zur Dreier-Reihe, alle Aufgaben der Dreier-Reihe.

1 Von den Sonnen-Aufgaben zu den Nachbaraufgaben.

a) ☀ 5 · 3   b) ☀ 10 · 3   c) ☀ 2 · 3   d) ☀ 5 · 3
   6 · 3   9 · 3   3 · 3   4 · 3
   7 · 3   8 · 3   4 · 3   3 · 3

2 Weiter auf der Büffelhaut. Trage die Dreier-Reihe ein.
Trage auch die Tauschaufgaben ein.

3 Manchmal hilft die Tauschaufgabe.

a) | 3 | 4 | 5 | · | 6 | 10 | 7 |

b) | 8 | 1 | 9 | · | 3 | 0 | 4 |

4 In Dreier-Sprüngen vorwärts und rückwärts. Schreibe: A 1 · 3 = 3   B 3 · 3 = 9

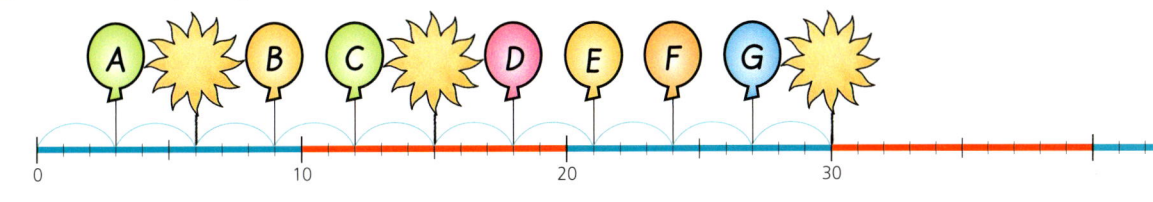

5 Wie viele Sprünge sind es?

a)  30   b)  15   c)  21   d)  24

30 : 3 = ___   _____   _____   _____

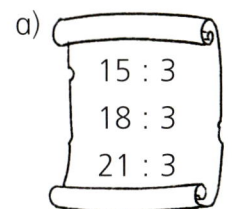

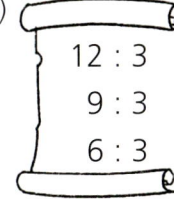

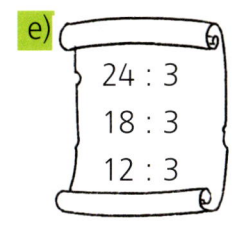

6
a) 15 : 3   b) 12 : 3   c) 3 : 3   d) 24 : 3   e) 24 : 3
   18 : 3   9 : 3   9 : 3   27 : 3   18 : 3
   21 : 3   6 : 3   15 : 3   30 : 3   12 : 3

7 a) 21 : 3   b) 24 : 3   c) 27 : 3   d) 18 : 3   e) 30 : 3
        9 : 3   6 : 3   3 : 3   12 : 3   0 : 3

f) Was fällt auf? Die beiden Ergebnisse zusammen _____ .

8 Aufgepasst!

a) 10 · 3   b) 9 · 3   c) 27 : 3   d) 18 + 3   e) 0 : 3
   10 − 3   9 + 3   27 − 3   18 : 3   0 + 3
   10 + 3   9 : 3   27 + 3   18 − 3   0 · 3

9 Welches Rechenzeichen passt? + − · :

a) 15 ☐ 3 = 5   b) 9 ☐ 3 = 27   c) 30 ☐ 3 = 33   d) 12 ☐ 3 = 36
   15 ☐ 3 = 12   9 ☐ 3 = 3   30 ☐ 3 = 10   12 ☐ 3 = 9
   15 ☐ 3 = 18   9 ☐ 3 = 6   30 ☐ 3 = 27   12 ☐ 3 = 4

6, 7 Starke Aufgaben. 6 Gesetzmäßigkeiten erkennen und Aufgabenfolge fortsetzen.
7 Gesetzmäßigkeit erkennen und notieren.

Verwandte Aufgaben

Malduro
Drei Zahlen im Kopf, vier Aufgaben im Bauch: das ist Malduro.

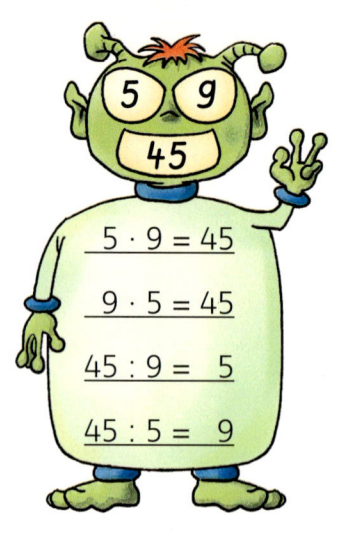

Kopf: 5, 9
Bauch: 45

5 · 9 = 45
9 · 5 = 45
45 : 9 = 5
45 : 5 = 9

1 Wie heißen die vier Aufgaben im Bauch?
a) Kopf: 4, 5 — Bauch: 20
b) Kopf: 4, 3 — Bauch: 12

2 Hier fehlt eine Zahl im Kopf. Findest du sie? Schreibe auch die vier Aufgaben auf.
a) 3 / 30
b) 4 / 24
c) 5 / 40
d) 8 / 32

3 Hier fehlen sogar zwei Zahlen im Kopf.
a) 15
b) 27

4 Das ist ein besonderes Malduro: Es ist kleiner. Wieso?
4 / 16

5 Finde die passenden Zahlen. Schreibe die Aufgaben auf.
a) 5 / 25
b) 100

6 Welches Malduro ist es?
a) Im Mund steht eine Zahl zwischen 10 und 20. Ein Auge ist um 1 größer als das andere.
b) Ein Auge ist doppelt so groß wie das andere. Im Mund steht eine Zahl zwischen 20 und 40.
c) Beide Augen sind gleich. Die Zahl im Mund liegt zwischen 10 und 20.

Übungen

1 Das ist ein Büffel. Er heißt auch a) ___ .
Seine Heimat ist b) _____ .

a) 4 · 10 + 1 = ___
    5 · 10 − 3 = ___
   10 · 5 + 6 = ___
   10 · 10 − 6 = ___
    2 · 5   = ___

b) 9 · 2 = ___
   50 − 8 = ___
   45 + 3 = ___
   57 + 4 = ___
   71 − 4 = ___
   25 − 8 = ___
   26 − 8 = ___

2 Ein wild lebender Büffel kann 3 m a) ___ und 20 b) ___ alt werden.

a) 11 · 2 = ___
   12 · 2 = ___
   21 + 5 = ___
   69 − 5 = ___

b) 100 + 1 = ___
   90 − 5 = ___
   68 + 9 = ___
   93 − 9 = ___
   69 + 5 = ___

3 Die a) ___ machten b) ___ auf den Bison.

a) 94 − 7 = ___
   5 · 2 = ___
  15 + 4 = ___
  40 − 1 = ___
  38 + 8 = ___
   2 · 5 = ___
   8 · 2 = ___
   5 · 5 = ___

b) 99 + 2 = ___
  48 − 2 = ___
  55 + 9 = ___
  71 − 6 = ___

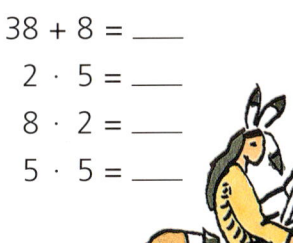

4 Aus der a) ___ machten sie b) ___ .

a) 6 · 10 − 2 = ___
   9 · 10 − 5 = ___
   2 · 10 − 0 = ___
   7 · 5 + 0 = ___

b) 7 · 10 − 7 = ___
   6 · 10 − 6 = ___
   8 · 10 − 6 = ___
   9 · 10 − 3 = ___
  10 · 10 − 8 = ___
   5 · 10 − 2 = ___
   3 · 10 − 5 = ___

5 Sie nutzten das a) _____ und das b) _____ .

a) 2 · 5 + 3 = ___
  10 · 5 + 4 = ___
  10 · 7 + 4 = ___
  10 · 9 − 3 = ___
   3 · 2 + 1 = ___
  10 · 6 − 1 = ___
  10 · 7 + 7 = ___

b) 10 · 2 − 7 = ___
   8 · 2 + 0 = ___
  10 · 5 + 4 = ___
  11 · 5 − 1 = ___

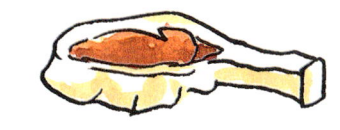

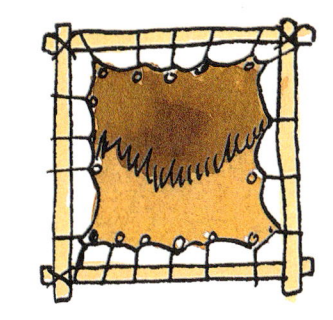

Zahlen-ABC: Rechnen, zum Ergebnis im Zahlen-ABC den passenden Buchstaben suchen und eintragen.

Geometrische Grundformen

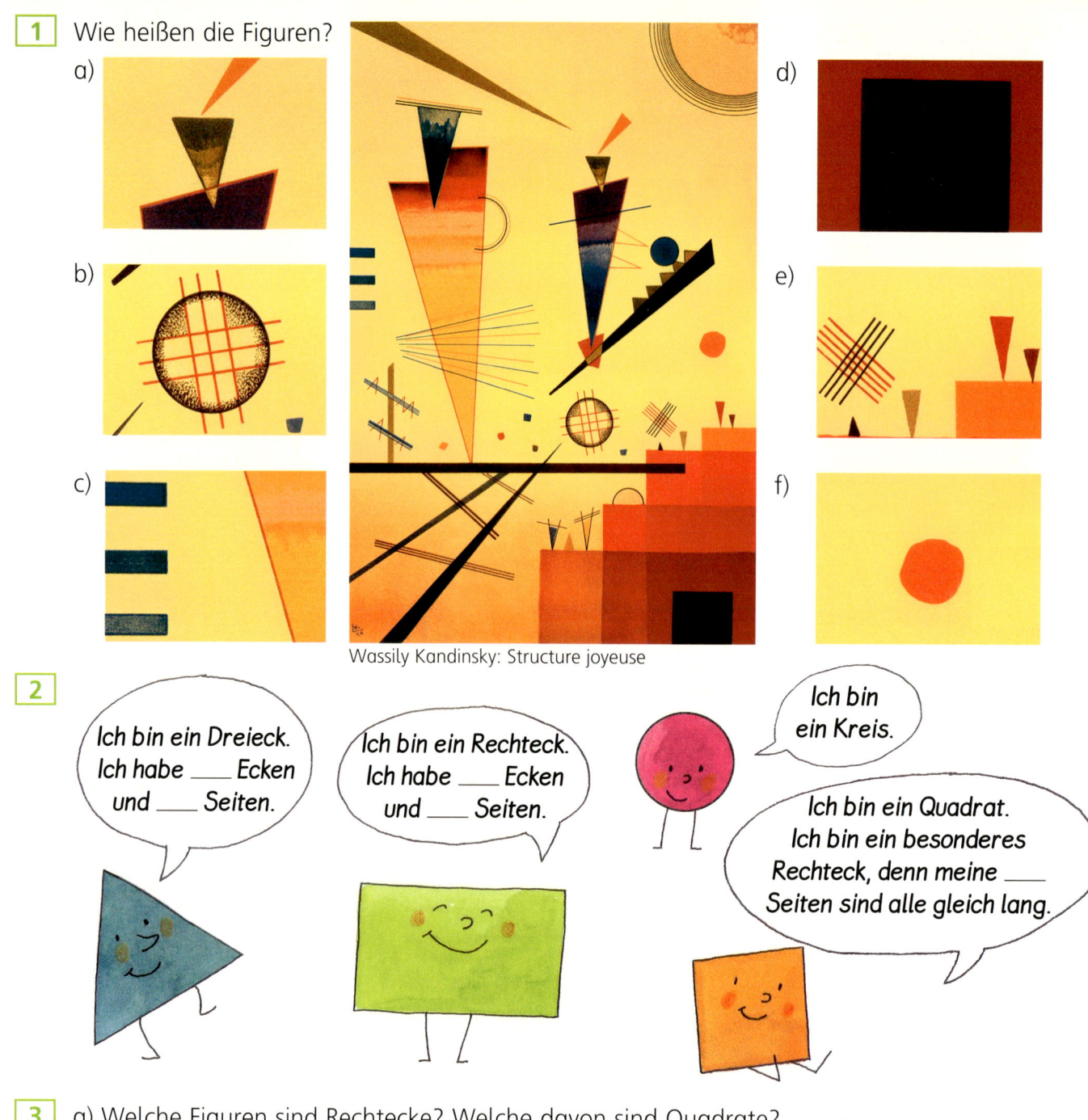

1 Wie heißen die Figuren?
a)
b)
c)
d)
e)
f)

Wassily Kandinsky: Structure joyeuse

2

Ich bin ein Dreieck. Ich habe ___ Ecken und ___ Seiten.

Ich bin ein Rechteck. Ich habe ___ Ecken und ___ Seiten.

Ich bin ein Kreis.

Ich bin ein Quadrat. Ich bin ein besonderes Rechteck, denn meine ___ Seiten sind alle gleich lang.

3 a) Welche Figuren sind Rechtecke? Welche davon sind Quadrate?
b) Welche Figuren sind Dreiecke?   c) Welche Figuren sind Kreise?
d) Wie heißen die übrigen Figuren?

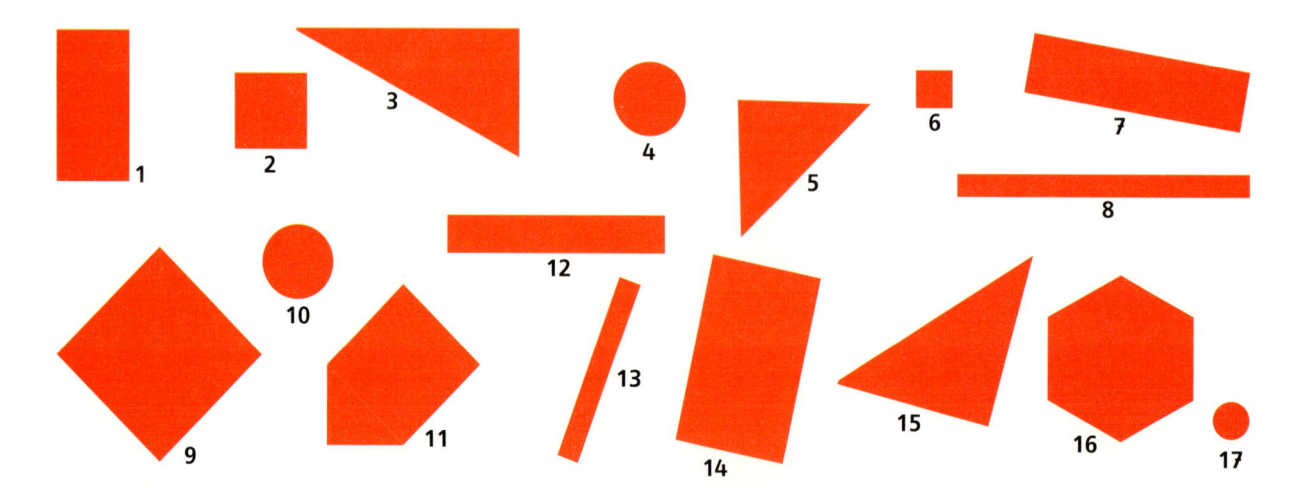

Falten und Gestalten

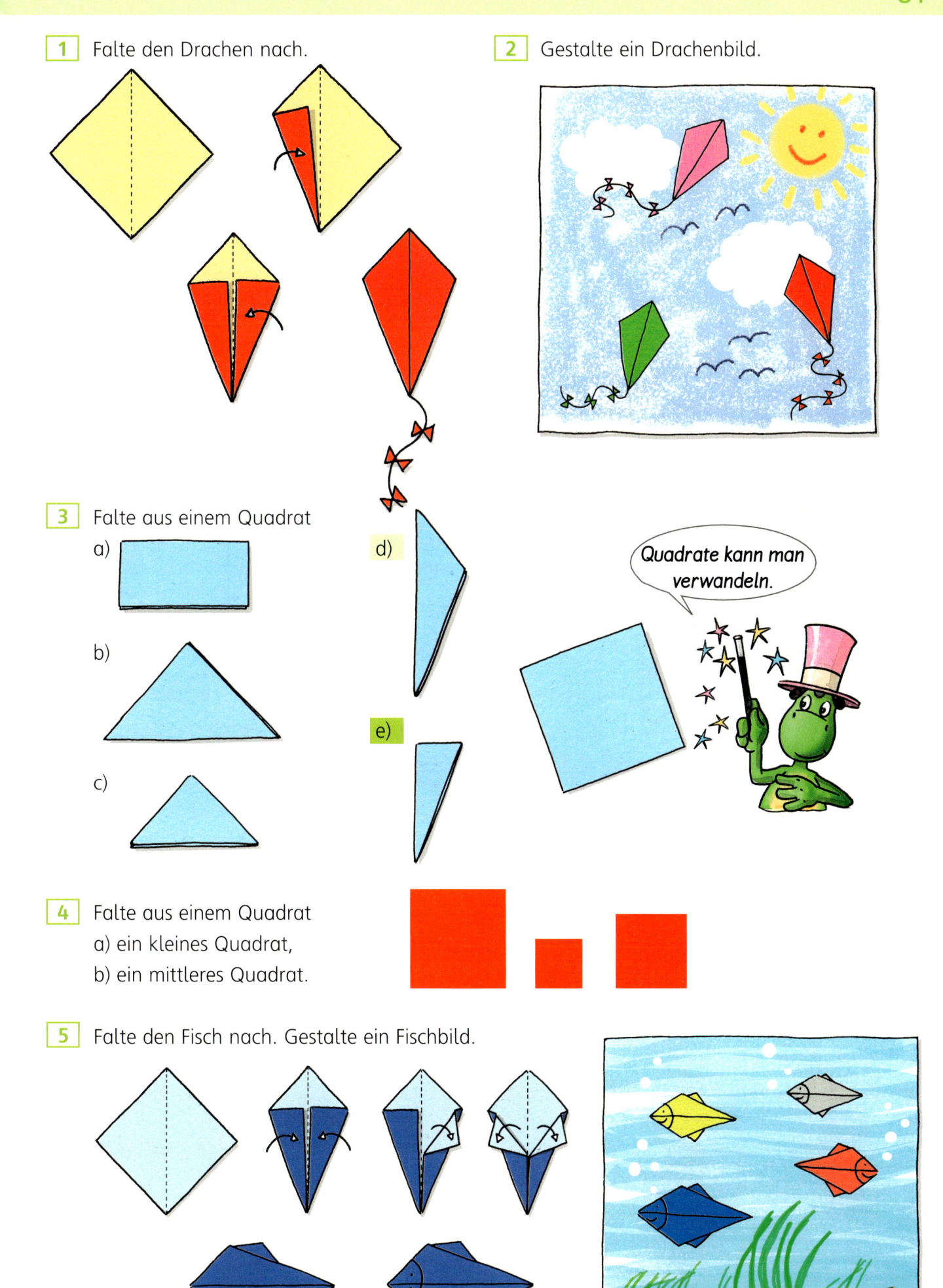

81

1 Falte den Drachen nach.

2 Gestalte ein Drachenbild.

3 Falte aus einem Quadrat
a)
b)
c)
d)
e)

Quadrate kann man verwandeln.

4 Falte aus einem Quadrat
a) ein kleines Quadrat,
b) ein mittleres Quadrat.

5 Falte den Fisch nach. Gestalte ein Fischbild.

82 Geobrett

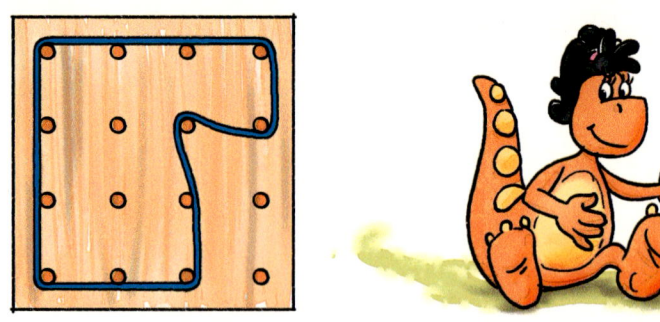

1 Zahline hat diese Figur auf dem Geobrett gespannt. Spanne sie nach.

2 Spanne auch diese Figuren nach.
a) b) c) d)

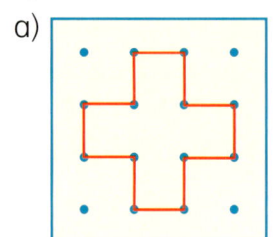

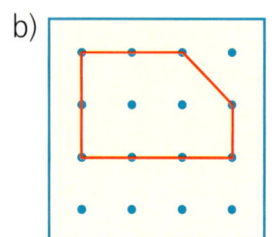

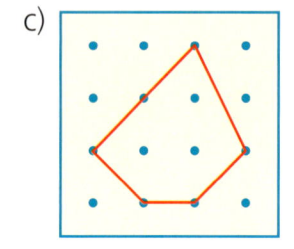

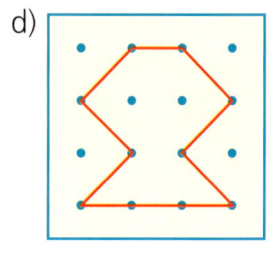

3 Spanne selbst eine Figur. Dein Partner spannt sie nach. Wechselt euch ab.

4 Spanne nach und schreibe auf, wie viele Ecken jede Figur hat.
a) b) c) d)

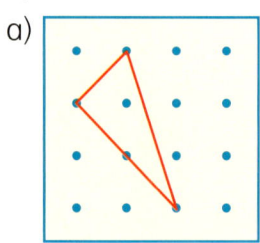

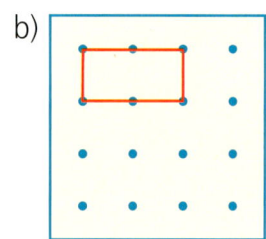

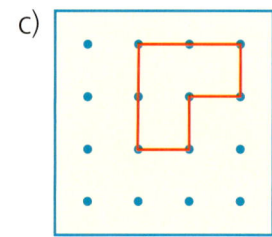

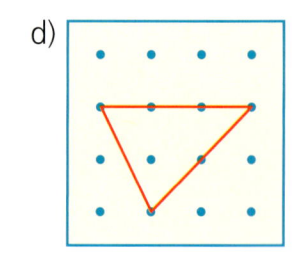

5 Spanne auf deinem Geobrett das große Quadrat.
Durch Umspannen mit einem Handgriff entsteht die nächste Figur. Prüfe nach.

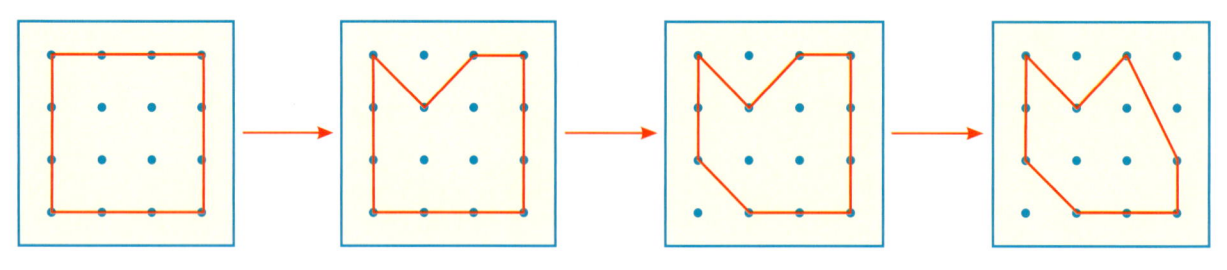

6 Spannt die Startfigur.
Versucht nun durch Umspannen die Zielfigur zu erhalten.
Wechselt euch ab. Jeder darf immer nur einen Handgriff vornehmen.

Startfigur   Zielfigur

7 Einer spannt eine Startfigur.
Die andere spannt eine Zielfigur.
Versucht nun durch Umspannen die Zielfigur zu erhalten.
Wechselt euch ab. Jeder darf immer nur einen Handgriff vornehmen.

1 Spanne auf deinem Geobrett nach. Zeichne die Figuren auf Karopapier.
a)   b)   c)

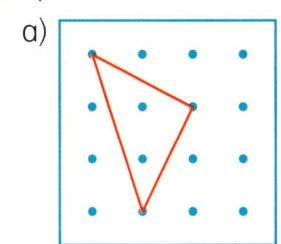

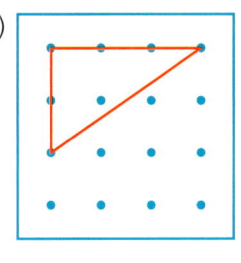

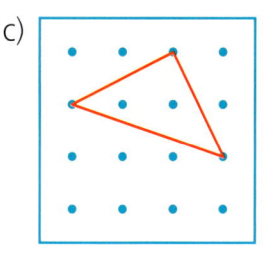

2 Spanne noch andere Dreiecke. Zeichne sie auf. Gib die Zeichnung deinem Partner. Er spannt sie auf dem Geobrett nach.

3 a) Spanne das Dreieck nach. Deine Partnerin zeichnet es auf.
b) Spannt das Dreieck an verschiedenen Stellen des Geobrettes. Zeichnet eure Lösungen auf.
c) Wie viele Möglichkeiten findet ihr?

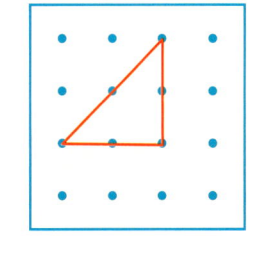

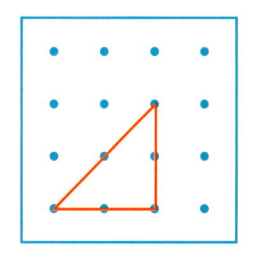

4 Spannt die Figuren an verschiedenen Stellen des Geobrettes. Zeichnet jedesmal eure Lösung auf. Wie viele Möglichkeiten findet ihr?
a)   b)   c)   d)

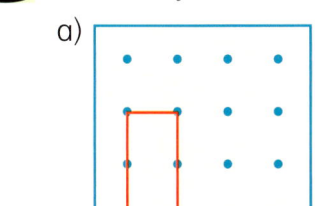

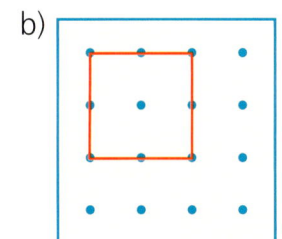

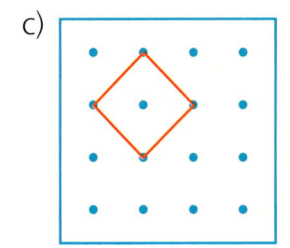

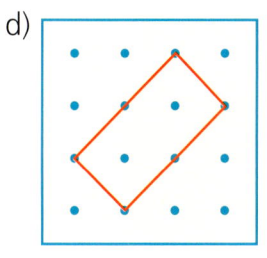

5 Spanne abwechselnd mit deinem Partner Dreiecke. Die Dreiecke dürfen sich nicht berühren. Wer als letztes ein Dreieck spannt, hat gewonnen.

6 Zeichne deine Lösungen auf Karopapier.
a) Spanne das größte Quadrat.
b) Spanne das kleinste Quadrat.
c) Spanne ein Quadrat, das auf der Spitze steht.
d) Spanne zwei Quadrate, die sich nicht berühren.
e) Spanne ein Quadrat und ein doppelt so großes Rechteck, die sich nicht berühren.
f) Spanne ein Dreieck und ein Quadrat, die sich nicht berühren. Das Dreieck soll möglichst groß sein.

6 b) bis f): Es gibt mehrere Möglichkeiten.

Zeichnen mit dem Lineal

1 Zeichne ein Quadrat.

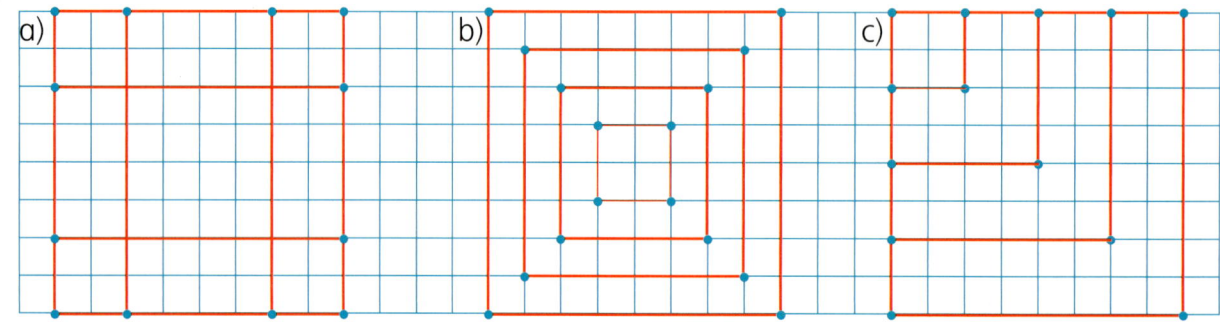

Beginne mit den Punkten.

Gleich viele Kästchen nach rechts und nach unten.

2 Zeichne.
a)   b)   c)

3 Zeichne die Figuren auf Karopapier. Wie viele Quadrate siehst du?
a)   b)   c)   d)

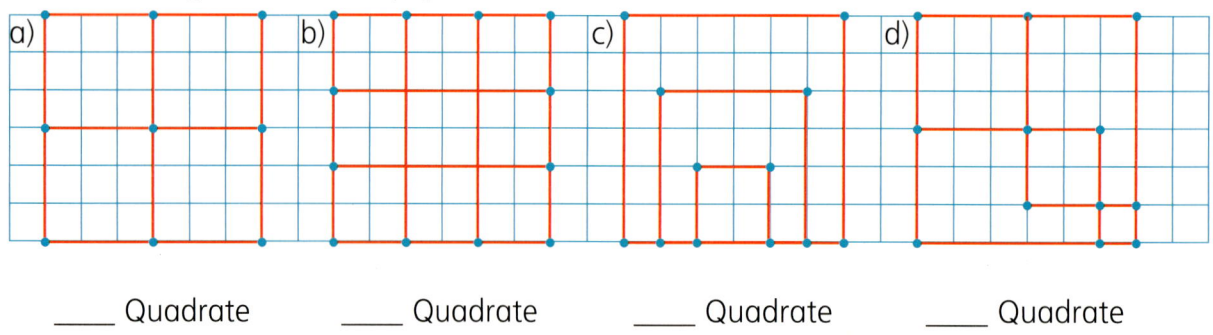

____ Quadrate   ____ Quadrate   ____ Quadrate   ____ Quadrate

4 Zeichne. Wie viele Dreiecke, wie viele Rechtecke, davon wie viele Quadrate siehst du? Schreibe auf.

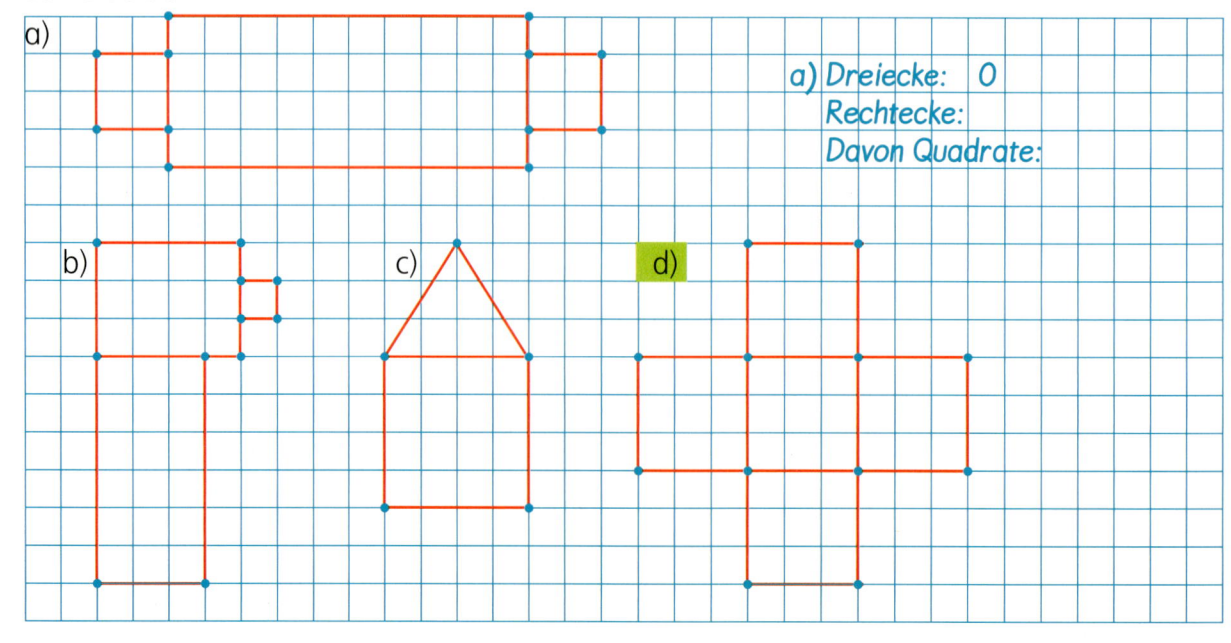

a)

a) Dreiecke: 0
Rechtecke:
Davon Quadrate:

b)   c)   d)

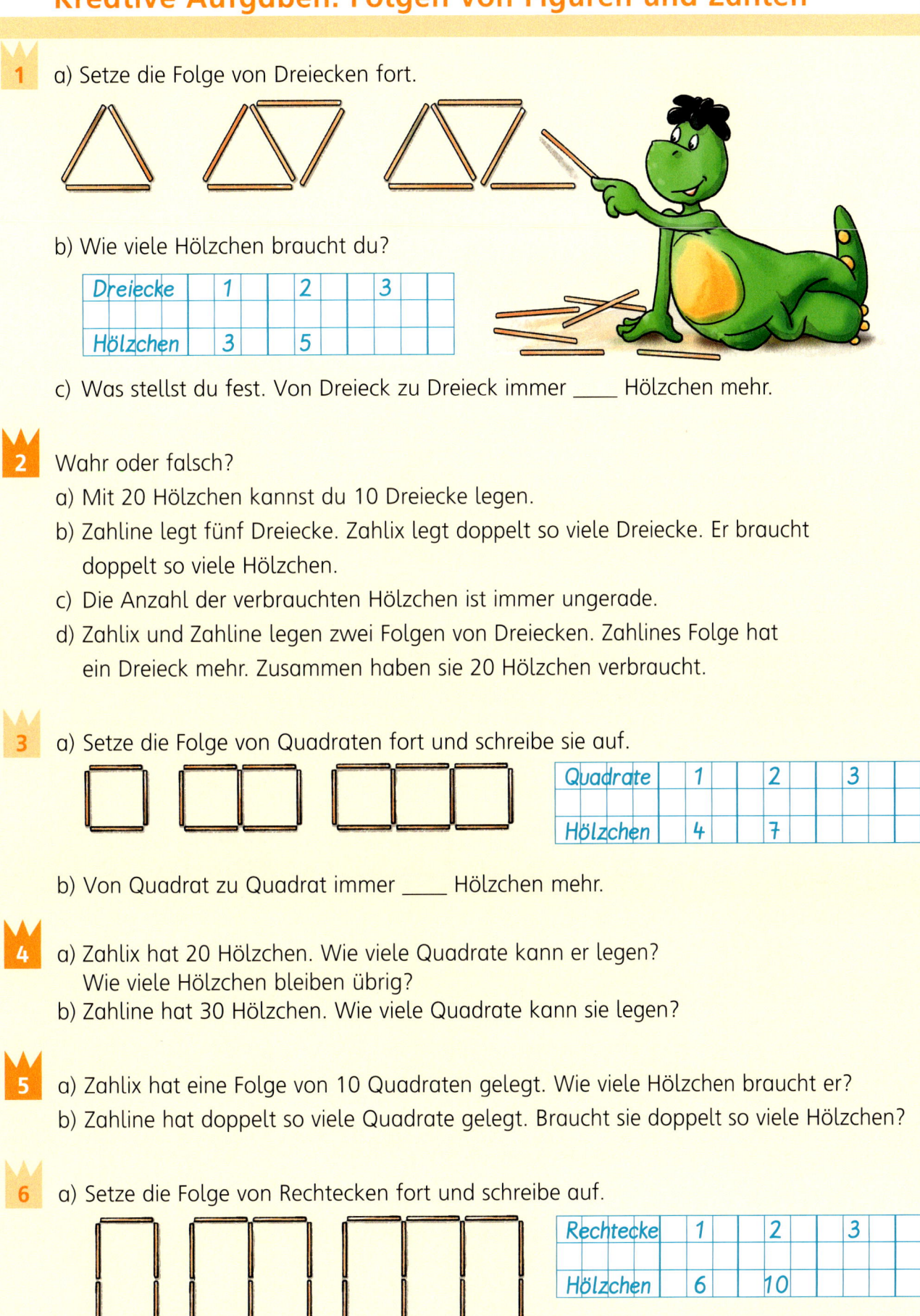

Kreative Aufgaben: Folgen von Figuren und Zahlen

1 a) Setze die Folge von Dreiecken fort.

b) Wie viele Hölzchen brauchst du?

Dreiecke	1	2	3		
Hölzchen	3	5			

c) Was stellst du fest. Von Dreieck zu Dreieck immer ____ Hölzchen mehr.

2 Wahr oder falsch?
a) Mit 20 Hölzchen kannst du 10 Dreiecke legen.
b) Zahline legt fünf Dreiecke. Zahlix legt doppelt so viele Dreiecke. Er braucht doppelt so viele Hölzchen.
c) Die Anzahl der verbrauchten Hölzchen ist immer ungerade.
d) Zahlix und Zahline legen zwei Folgen von Dreiecken. Zahlines Folge hat ein Dreieck mehr. Zusammen haben sie 20 Hölzchen verbraucht.

3 a) Setze die Folge von Quadraten fort und schreibe sie auf.

Quadrate	1	2	3		
Hölzchen	4	7			

b) Von Quadrat zu Quadrat immer ____ Hölzchen mehr.

4 a) Zahlix hat 20 Hölzchen. Wie viele Quadrate kann er legen?
Wie viele Hölzchen bleiben übrig?
b) Zahline hat 30 Hölzchen. Wie viele Quadrate kann sie legen?

5 a) Zahlix hat eine Folge von 10 Quadraten gelegt. Wie viele Hölzchen braucht er?
b) Zahline hat doppelt so viele Quadrate gelegt. Braucht sie doppelt so viele Hölzchen?

6 a) Setze die Folge von Rechtecken fort und schreibe auf.

Rechtecke	1	2	3		
Hölzchen	6	10			

b) Von Rechteck zu Rechteck immer ____ Hölzchen mehr.
c) Ist die Anzahl der verbrauchten Hölzchen immer gerade, immer ungerade oder einmal gerade und ein anderes Mal ungerade?

Weiter im Einmaleins

1 · 1 = ___
bellt der Dackel Heinz.

2 · 2 = ___
pfeift das Murmeltier.

3 · 3 = ___
Panda kann sich freu'n.

4 · 4 = ___
Grabi kann das
schlecht seh'n.

5 · 5 = ___
Jumbo frisst sie
und entspannt sich.

6 · 6 = ___
Biene Maja
rechnet fleißig.

7 · 7 = ___
das Huhn meint fünfzig,
doch es irrt sich.

8 · 8 = ___
merkt Piccolo,
der Specht, sich.

9 · 9 = ___
denkt der Uhu
in der Nacht sich.

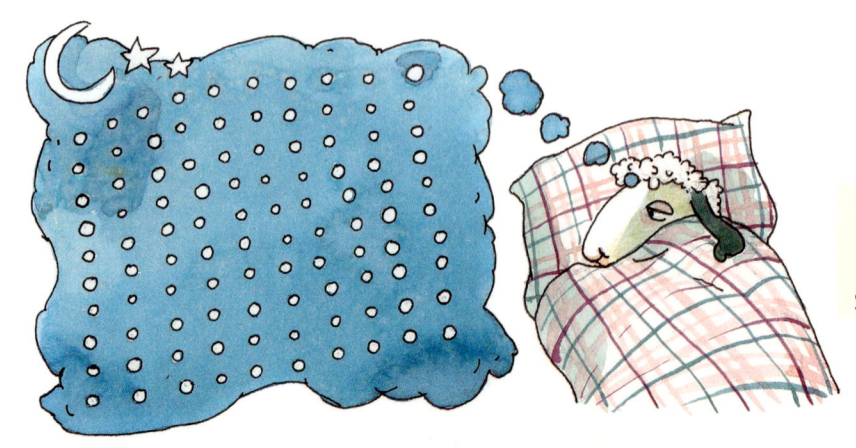

10 · 10 = ___
nur das Schaf
schaut noch verwundert.

Quadratzahlen

1 Decke am Punktefeld Quadrate ab.
Dein Nachbar nennt die Aufgabe
und prüft das Ergebnis nach.

2 Weiter auf der Büffelhaut.
Trage die Quadratzahlen ein.
Auch das sind Sonnen-Aufgaben.
Wo stehen sie?

3 Welche Zahlen sind Quadratzahlen?
Schreibe die Mal-Aufgabe dazu.

4   10   25   33   36   50   64   77   81   100

4 Welche Quadratzahl ist es? Schreibe die Mal-Aufgabe dazu.
a) Sie liegt zwischen 10 und 20.
b) Sie liegt zwischen 30 und 40.
c) An einer Stelle hat sie eine 5.
d) An einer Stelle hat sie eine 8.
e) Sie liegt zwischen 60 und 70.
f) Sie hat zwei Nullen.

5 a) 6 · 6 + 6   b) 8 · 8 + 8   c) 9 · 9 + 9   d) 4 · 4 + 4   e) 7 · 7 + 7
   6 · 6 − 6   8 · 8 − 8   9 · 9 − 9   4 · 4 − 4   7 · 7 − 7

6 Von Sonnen-Aufgaben zu Nachbaraufgaben.
Zeige und rechne.
a) ☀ 6 · 6   b) ☀ 7 · 7   c) ☀ 8 · 8
   7 · 6   8 · 7   9 · 8

6 · 6 = 36
7 · 6 =

7 a) ☀ 9 · 9   b) ☀ 8 · 8   c) ☀ 7 · 7
   8 · 9   7 · 8   6 · 7

8 a) 3 · 3 + 1   b) 4 · 4 + 4   c) 2 · 2 + 6
   7 · 7 + 1   6 · 6 + 4   8 · 8 + 6

d) Jedes Ergebnis ist eine Zahl der ____-Reihe.

9 a) Male in dein Heft. Setze das Muster noch zweimal fort.

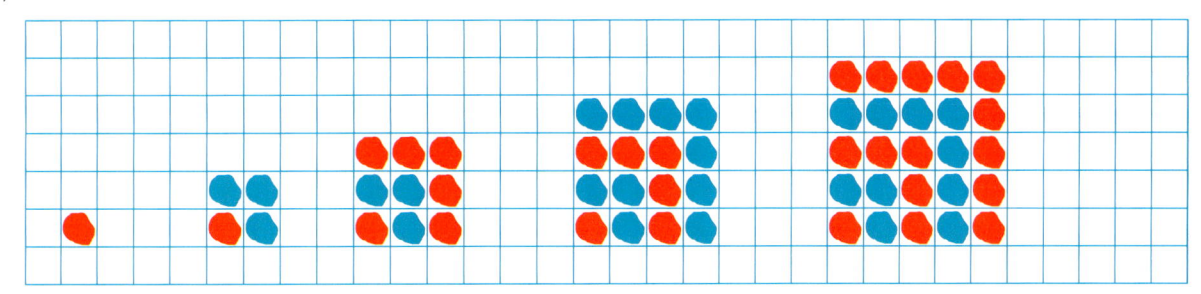

b) Das Muster ist immer ein Quadrat.
Wie viele Punkte kommen jedesmal dazu?
Schreibe wie im Beispiel bis zum 6. Muster.

1. Muster	1	= 1
2. Muster	4	= 1 + 3
3. Muster	9	= 1 + 3 + 5

c) Wie heißt die Plus-Aufgabe zur Quadratzahl 100?

Einmaleins mit 6

1 Wie viele Stäbe brauchen die Kinder? Schreibe die Mal-Aufgabe.

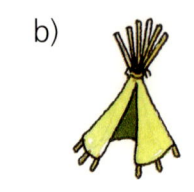

a) 3 · 6 = ___

b)

c)

2 Immer Tipis aus 6 Stäben. Schreibe die Mal-Aufgabe dazu.

Tipis	1	2		4		6	7		9	
Stäbe	6		18		30			48		60

3 Weiter auf der Büffelhaut.
Trage die Sechser-Reihe ein. Trage auch die Tauschaufgaben ein.

4 Welche Zahlen gehören zur Sechser-Reihe? Schreibe die Mal-Aufgabe dazu.
12   15   18   24   27   30   35   42   48   52   54

5 Wie viele Stäbe brauchen die Kinder? Rechne und antworte.

a) Ich möchte 2 Tipis bauen. — Tom

b) 7 Tipis sollen es werden. — Pia

c) Ich möchte 9 Tipis bauen. — Antonia

d) Ich habe 18 Stäbe. — Jannis

6 Von Sonnen-Aufgaben zu Nachbaraufgaben.

a) ☀ 2 · 6
    3 · 6
    4 · 6

b) ☀ 5 · 6
    4 · 6
    3 · 6

c) ☀ 5 · 6
    6 · 6
    7 · 6

d) ☀ 10 · 6
    9 · 6
    8 · 6

e) ☀ 10 · 6
    11 · 6
    12 · 6

7
a) 3 · 6 – 3
   4 · 6 – 4

b) 2 · 6 – 2
   8 · 6 – 8

c) 5 · 6 – 5
   10 · 6 – 10

d) 6 · 6 – 6
   7 · 6 – 7

e) 1 · 6 – 1
   9 · 6 – 9

f) Was fällt auf? Das Ergebnis ist immer eine Zahl der ___-Reihe

2 Weiter im 1 · 1-Heft: Tabelle, Bilder zur Sechser-Reihe, alle Aufgaben der Sechser-Reihe.
7 Starke Aufgaben: Gesetzmäßigkeit erkennen und Ergebnis notieren.

1

Tim: 6 … 12 … 18 … 24
Lisa: Sonnen-Aufgabe 5 · 6 = 30, 6 weniger
Lena: Tausch-Aufgabe 6 · 4 = 24
Kai: 24 Ich habe es mir gemerkt.

Wie rechnest du?

4 · 6

2 a) 9 · 6   b) 6 · 6   c) 7 · 6   d) 2 · 6   e) 1 · 6
     5 · 6   3 · 6   0 · 6   8 · 6   4 · 6

3 a) 6 8 5 · 4 6 3   b) 2 5 6 · 7 8 9

4 In Sechser-Sprüngen vorwärts und rückwärts.

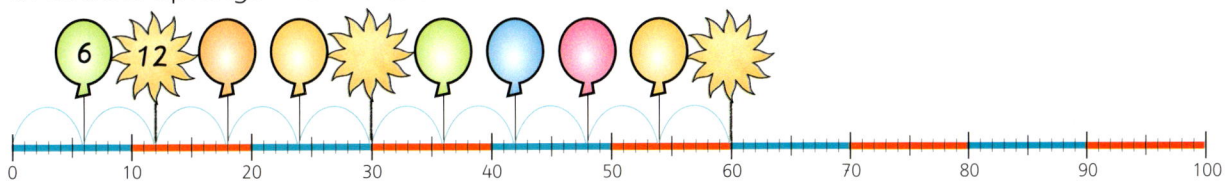

5 Wie viele Sprünge sind es?
   a) 30   b) 24   c) 48   d) 36
   30 : 6 = ___

6 Rechne die Durch-Aufgabe. Schreibe auch die Mal-Aufgabe.

   12 : 6 = 2, denn 2 · 6 = 12

   a) 12 : 6   b) 30 : 6   c) 42 : 6   d) 60 : 6   e) 54 : 6

7 a) 18 : 6   b) 12 : 6   c) 30 : 6   d) 24 : 6   e) 0 : 6
      48 : 6   42 : 6   60 : 6   54 : 6   30 : 6

   f) Vergleiche die beiden Ergebnisse.
      Das zweite Ergebnis ist immer um ___ als das erste Ergebnis.

8 a) 9 + 6   b) 48 + 6   c) 36 − 6   d) 60 − 6   e) 12 : 6
      9 · 6   48 : 6   36 : 6   60 : 6   12 − 6
      9 − 6   48 − 6   36 + 6   60 + 6   12 · 6

9 Welches Rechenzeichen passt? + − · :

   a) 30 ☐ 6 = 24   b) 6 ☐ 6 = 36   c) 54 ☐ 6 = 60   d) 7 ☐ 6 = 42
      30 ☐ 6 = 36   6 ☐ 6 = 12   54 ☐ 6 = 9   7 ☐ 6 = 13
      30 ☐ 6 = 5   6 ☐ 6 = 1   54 ☐ 6 = 48   7 ☐ 6 = 1

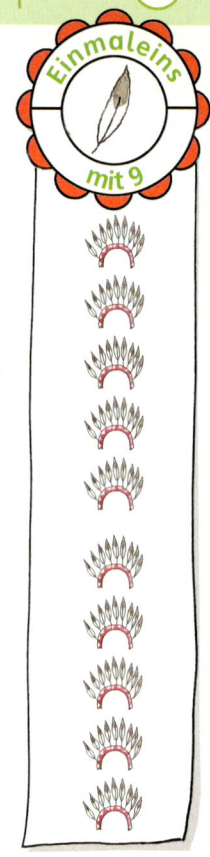

Einmaleins mit 9

1 Wie viele Federn brauchen die Kinder?
Schreibe die Mal-Aufgabe.

a)

b)

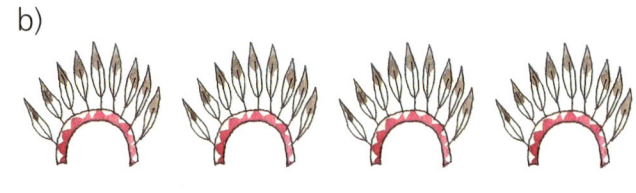

c)

2

Häuptlinge	1		3	4		6	7			10
Federn	9	18			45		72	81		

Mein 1·1-Heft

3 Welche Zahlen gehören zur Neuner-Reihe?
Schreibe die Mal-Aufgabe dazu.

18   25   27   36   45   54   61   72   82   89

4 Von Sonnen-Aufgaben zu Nachbaraufgaben.

a) ☀ 2 · 9   b) ☀ 5 · 9   c) ☀ 5 · 9   d) ☀ 10 · 9
       3 · 9   6 · 9   4 · 9   9 · 9
       4 · 9   7 · 9   3 · 9   8 · 9

5 Rechne und antworte.

a) Kristina, Lisa und Kaja basteln Federbänder. Wie viele Federn brauchen sie?

b) Luca und Alexander basteln sich jeder zwei Federbänder. Wie viele Federn brauchen sie?

c) Niklas hat 45 Federn. Wie viele Federbänder kann er basteln?

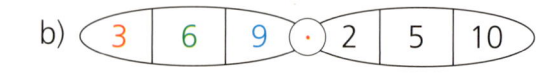

6 a) 2   4   6 · 3   6   9   b) 3   6   9 · 2   5   10

7 $3 · 9 = 3 · 10 - 3$

a)

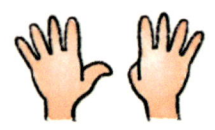

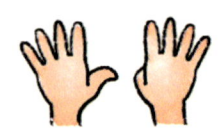

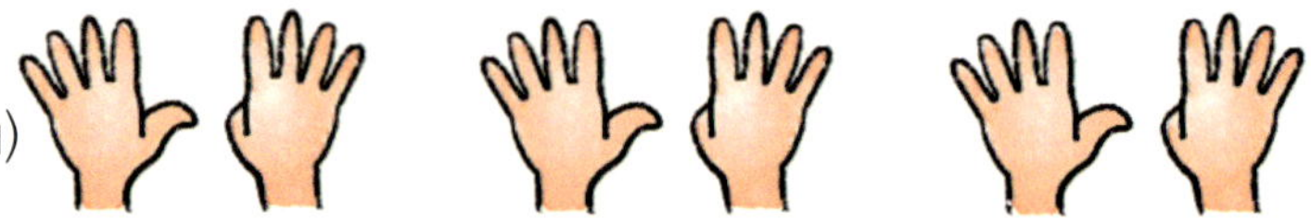

b) $2 · 9 = 2 · 10 -$ ___   c) $5 · 9 =$ ___   d) $7 · 9 =$ ___
   $4 · 9 = 4 · 10 -$ ___ $6 · 9 =$ ___ $8 · 9 =$ ___

2 Weiter im 1·1-Heft: Tabelle, Bilder zur Neuner-Reihe, alle Aufgaben der Neuner-Reihe.

1 In Neuner-Sprüngen vorwärts und rückwärts.

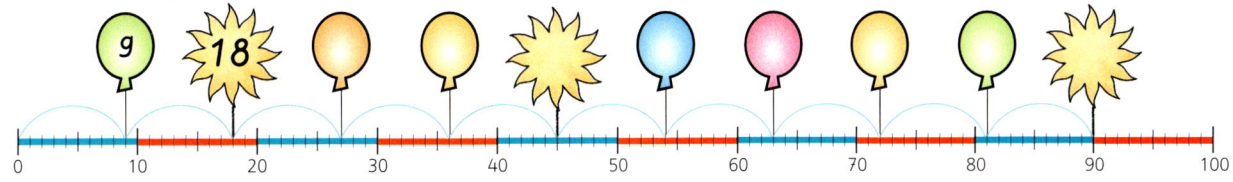

2 Wie viele Sprünge sind es?

a) 45   b) 27   c) 54   d) 72

45 : 9 = ___   _____   _____   _____

3
a) · 9
| 72 |
| 9 | |
| | 90 |

b) · 9
| 45 |
| | 36 |
| 3 | |

c) · 6
6	
	42
8	

d) · 3
	18
5	
4	

e) · 4
8	
	36
10	

4   5   6   7   8   9   10   12   15   18   27   32   36   40   48   81

4 a) 1 · 9 + 1 = ___   4 · 9 + 4 = ___   7 · 9 + 7 = ___
2 · 9 + 2 = ___   5 · 9 + 5 = ___
3 · 9 + 3 = ___   6 · 9 + 6 = ___

Aufgaben für Neuner-Forscher.

b) Das Ergebnis ist immer eine Zahl der ___-Reihe.

5 a) 5 · 9   b) 4 · 9   c) 3 · 9   d) 2 · 9
6 · 9   7 · 9   8 · 9   9 · 9

6 a) 90 : 9   b) 81 : 9   c) 72 : 9   d) 63 : 9   e) 54 : 9
9 : 9   18 : 9   27 : 9   36 : 9   45 : 9

f) Vergleiche die beiden Ergebnisse. Zusammen ergeben sie immer ___.

7 a) 18 : 9   b) 9 : 9   c) 27 : 9   d) 36 : 9   e) 90 : 9
18 : 3   9 : 3   27 : 3   36 : 3   90 : 3

f) Vergleiche die beiden Ergebnisse. Das zweite Ergebnis ist immer ___.

8 Wie heißt die Zahl?

a) Sie gehört zur Neuner-Reihe. Sie liegt zwischen 30 und 40.

b) Sie gehört zur Neuner-Reihe. Sie liegt zwischen 70 und 80.

c) Sie gehört zur Vierer-Reihe und zur Neuner-Reihe

d) Sie gehört zur Sechser-Reihe und zur Neuner-Reihe. Sie liegt zwischen 20 und 50

4, 6, 7 Starke Aufgaben: Gesetzmäßigkeit erkennen und Ergebnis notieren.

Einmaleins mit 8

1 Klebe Sterne aus acht Zacken. So werden die Zacken für die Sterne gefaltet.

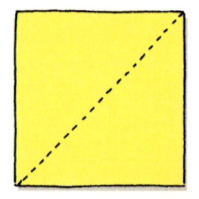

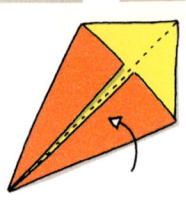

2 Wie viele Zacken sind es? Schreibe die Mal-Aufgabe.
a)   b)   c)

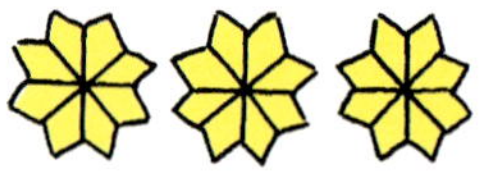

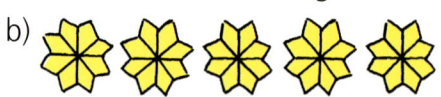

3

Sterne	1	2		4		6	7		9	
Zacken	8		24		40			64		80

4 Welche Zahlen gehören zur Achter-Reihe? Schreibe die Mal-Aufgabe dazu.
16   28   32   48   54   56   60   64   72

5 Von Sonnen-Aufgaben zu Nachbaraufgaben.
a) 5 · 8   b) 5 · 8   c) 2 · 8   d) 10 · 8
   6 · 8   4 · 8   3 · 8   9 · 8
   7 · 8   3 · 8   4 · 8   8 · 8

6 In Achter-Sprüngen vorwärts und rückwärts.

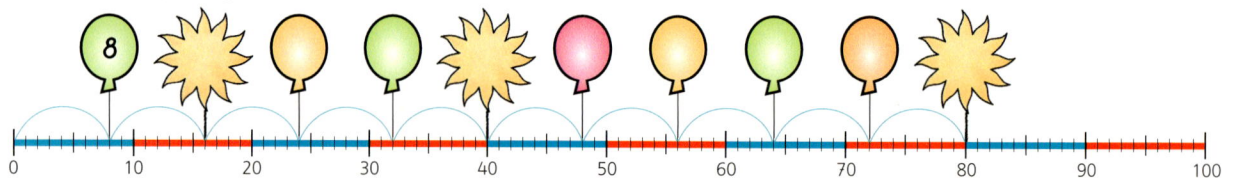

7 Wie viele Sprünge sind es?
a) 40   b) 24   c) 64   d) 32

40 : 8 = ___   ___   ___   ___

8 a) 16 : 8   b) 80 : 8   c) 40 : 8   d) 32 : 8   e) 64 : 8
        24 : 8   72 : 8   48 : 8   56 : 8   8 : 8

2 Weiter im 1 · 1-Heft: Tabelle, Bilder zur Achter-Reihe, alle Aufgaben der Achter-Reihe.

1

Tafel: 6 · 8

Leon: 8 ... 16 ... 24 ... 32 ... 40 ... 48
Jan: Sonnen-Aufgabe 5 · 8 = 40, 8 mehr
Max: Tausch-Aufgabe 8 · 6 = 48
Julia: 48 Ich weiß das schon
Malduro: Wie rechnest du?

2 a) 9 · 8   b) 0 · 8   c) 2 · 8   d) 10 · 8   e) 1 · 8
      5 · 8   8 · 8   4 · 8   7 · 8   3 · 8

3 a) 16 : 8   b) 8 : 8   c) 24 : 8   d) 40 : 8   e) 48 : 8
      16 : 4   8 : 4   24 : 4   40 : 4   48 : 4

f) Vergleiche die beiden Ergebnisse.
Das zweite Ergebnis ist immer ___ vom ersten Ergebnis.

4 a) 9 – 8   b) 56 + 8   c) 32 + 8   d) 80 : 8   e) 8 : 8
      9 · 8   56 – 8   32 : 8   80 – 8   8 + 8
      9 + 8   56 : 8   32 – 8   80 + 8   8 · 8

5 Welches Rechenzeichen passt? [+] [–] [·] [:]

a) 24 ☐ 8 = 32   b) 8 ☐ 8 = 16   c) 72 ☐ 8 = 9   d) 9 ☐ 8 = 1
   24 ☐ 8 = 16   8 ☐ 8 = 1   72 ☐ 8 = 64   9 ☐ 8 = 72
   24 ☐ 8 = 3   8 ☐ 8 = 0   72 ☐ 8 = 80   9 ☐ 8 = 17

6 a) Augen: 8, 4; Mund: 32; 8 · 4 = ___ ; 4 · 8 = ___
b) Augen: 8, 5
c) Augen: 2, 8
d) Augen: 6, 8
e) Augen: 3, 3; Mund: 24
f) Augen: 7, 7; Mund: 56
g) Augen: 8, 8; Mund: 64

7 Finde drei kleine Malduros. Beide Augen sind gleich.

8 Wie viele Malduros mit 24 im Mund findest du?

9 Welche Malduros sind es?
a) Ein Auge ist um 1 größer als das andere. Die Zahl im Mund liegt zwischen 40 und 50.
b) Beide Augen sind gleich. Im Mund steht eine Zahl zwischen 50 und 80.
c) Ein Auge ist um 5 größer als das andere. Im Mund steht eine Zahl zwischen 30 und 40.

3 Starke Aufgaben: Gesetzmäßigkeit erkennen und Ergebnis notieren.

Einmaleins mit 7

1 Mein 1·1-Heft

Wochen	1		4		6	7		9	
Tage	7	14	21		35		56		70

2 Welche Zahlen gehören zur Siebener-Reihe? Schreibe die Mal-Aufgabe dazu.

14   24   28   35   40   42   49   54   56   63

3 Von Sonnen-Aufgaben zu Nachbaraufgaben.

a) ☀ 5 · 7   b) ☀ 2 · 7   c) ☀ 10 · 7   d) ☀ 5 · 7   e) ☀ 10 · 7
   6 · 7   3 · 7   9 · 7   4 · 7   11 · 7
   7 · 7   4 · 7   8 · 7   3 · 7   12 · 7

4
a) ___ · 7 = 14   b) ___ · 7 = 70   c) ___ · 7 = 35   d) ___ · 7 = 7
   ___ · 7 = 21   ___ · 7 = 63   ___ · 7 = 42   ___ · 7 = 0

5
a) 1 Woche und 4 Tage = ___ Tage   b) 10 Tage = ___ Woche und ___ Tage
   2 Wochen und 3 Tage = ___ Tage   20 Tage = ___ Wochen und ___ Tage
   3 Wochen und 4 Tage = ___ Tage   31 Tage = ___ Wochen und ___ Tage
   4 Wochen und 3 Tage = ___ Tage   40 Tage = ___ Wochen und ___ Tage

6 In Siebener-Sprüngen vorwärts und rückwärts.

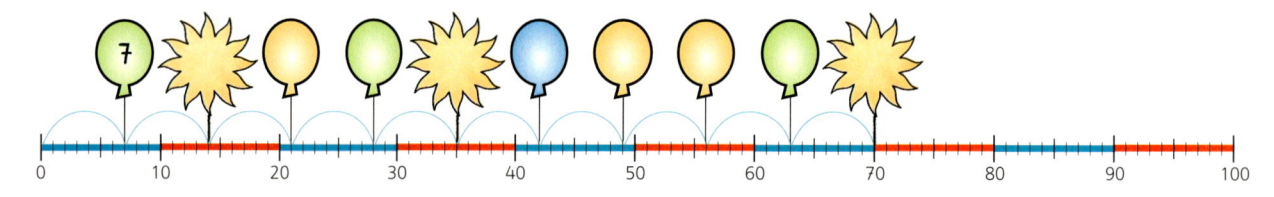

7 Wie viele Sprünge sind es?

a) 35   b) 28   c) 63   d) 56

35 : 7 = ___

8
a) 70 : 7   b) 35 : 7   c) 63 : 7   d) 21 : 7   e) 77 : 7
   7 : 7   42 : 7   14 : 7   56 : 7   0 : 7

f) Vergleiche die beiden Ergebnisse. Zusammen ergeben sie immer ___.
g) Vergleiche die beiden ersten Zahlen. Zusammen ergeben sie immer ___.

9 Indianer-Prüfung

a) 4 · 6   b) 36 : 6   c) 4 · 7   d) 10 : 2
   5 · 8   81 : 9   9 · 6   20 : 4
   3 · 9   56 : 7   5 · 5   90 : 9
   5 · 7   48 : 8   8 · 8   30 : 6
   7 · 7   45 : 5   1 · 7   40 : 5

1 Weiter im 1·1-Heft: Tabelle, Bilder zur Siebener-Reihe, alle Aufgaben der Siebener-Reihe.
8 Starke Aufgaben: Gesetzmäßigkeit erkennen und Ergebnis notieren.

Kreative Aufgaben: Kugelbahn

1

a) START · 7, + 7, : 7
b) START · 9, + 9, : 9
c) START · 8, + 8, : 8

d) Vergleiche Startzahl und Zielzahl.
   Die Zielzahl ist immer _____ als die Startzahl.

e) Baue zu dieser Regel eine Kugelbahn zur Sechser-Reihe. Dann prüfe nach.

2

a) START · 2, − 6, : 2
b) START · 5, − 20, : 5
c) START · 4, − 20, : 4

d) Vergleiche Startzahl und Zielzahl. Zu welcher Kugelbahn passt die Regel?
   Regel A: Die Zielzahl ist immer um 4 kleiner als die Startzahl.
   Regel B: Die Zielzahl ist immer um 3 kleiner als die Startzahl.
   Regel C: Die Zielzahl ist immer um 5 kleiner als die Startzahl.

3

a) START · 5, : 10, · 2
b) START · 3, : 6, · 4
c) START · 4, : 8, · 6

d) Vergleiche Startzahl und Zielzahl. Zu welcher Kugelbahn passt die Regel?
   Regel A: Die Zielzahl ist immer doppelt so groß wie die Startzahl.
   Regel B: Die Zielzahl ist immer dreimal so groß wie die Startzahl.

e) Findest du die Regel zu der anderen Kugelbahn?

4

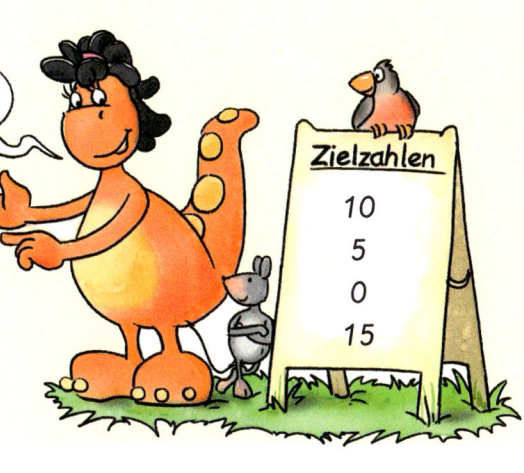

Wie heißen die Startzahlen?

START · 2, : 10, · 5

Zielzahlen
10
5
0
15

Mini-Projekt: Bei den Indianern

1 a) Die Indianer lebten früher in einem
_____ .
Der Boden war mit b) _____
ausgelegt. Möbel gab es kaum.

a)
3 · 5 = ____
3 · 2 = ____
4 · 10 = ____
2 · 3 = ____

b)
10 · 5 = ____
4 · 4 = ____
2 · 2 = ____
9 · 6 = ____
6 · 8 = ____
8 · 4 = ____

2 Das Pferd war das wichtigste Tier für die Indianer.
Mit den Pferden konnten sie leichter a) _____ jagen
und schwere b) _____ ziehen.

a)
9 · 5 − 4 = ____
9 · 9 − 3 = ____
9 · 2 − 5 = ____
8 · 7 − 4 = ____
7 · 6 − 8 = ____
4 · 7 − 6 = ____

b)
9 · 5 + 30 = ____
4 · 9 + 10 = ____
4 · 4 + 40 = ____
8 · 3 + 20 = ____
4 · 7 + 20 = ____
7 · 7 + 20 = ____

3 Die Indianer haben eine Zeichensprache erfunden. Was bedeuten diese Zeichen?

a)
6 · 7 + 10 = ____
3 · 5 + 10 = ____
8 · 8 + 10 = ____
6 · 7 + 40 = ____
7 · 7 + 20 = ____
7 · 3 + 30 = ____

b)
9 · 5 + 0 = ____
7 · 8 + 6 = ____
8 · 9 + 7 = ____
8 · 6 + 0 = ____
3 · 8 + 2 = ____

c)
8 · 10 − 6 = ____
7 · 7 − 2 = ____
8 · 9 − 3 = ____
9 · 5 − 4 = ____
8 · 8 − 9 = ____
5 · 5 − 0 = ____

4 Die Mädchen mussten Beeren a) _____
und b) _____ suchen.

5 Die Jungen lernten
a) _____ zu fangen
und zu b) _____ .

a)
2 · 7 = ____
4 · 6 = ____
6 · 7 = ____
3 · 3 = ____
4 · 4 = ____
6 · 9 = ____
6 · 6 = ____

b)
5 · 9 = ____
10 · 3 = ____
2 · 2 = ____
10 · 10 = ____

a)
6 · 3 − 5 = ____
3 · 4 − 6 = ____
4 · 5 − 6 = ____
7 · 3 − 0 = ____
7 · 9 − 5 = ____
9 · 4 − 2 = ____

b)
5 · 4 − 3 = ____
6 · 10 − 5 = ____
7 · 7 − 7 = ____
5 · 5 − 2 = ____
5 · 3 − 2 = ____
9 · 9 − 7 = ____
6 · 7 − 6 = ____

Zahlen-ABC: Rechnen, zum Ergebnis im Zahlen-ABC den passenden Buchstaben suchen und eintragen.

Zusammen 23 Pferde.

Wir waren 42 Tage an diesem Ort. Heute ziehen wir weiter zum Wasserfall.

Zusammen 9 Hunde.

1 Wie viele Wochen waren die Indianer an diesem Ort?

2 Am Wasserfall wollen die Indianer nur 28 Tage bleiben. Wie viele Wochen sind das?

3 In einem Tipi wohnt eine Familie.
 a) Wie viele Tipis müssen abgebaut werden?
 b) Wie viele Stangen müssen verpackt werden?

4 Jede Familie hat zwei Kochtöpfe. „Adlerauge" packt die Töpfe ein.

5 Die Mädchen basteln Sterne.
 a) „Schöne Blume" hat 32 Zacken gefaltet. Wie viele Sterne bastelt sie?
 b) „Morgentau" hat 48 Zacken gefaltet.

6 Ein Pferd hat zwei Vorder- und zwei Hinterbeine, zwei linke und zwei rechte Beine. Wie viele Beine hat es zusammen?

7 „Schöne Blume" packt vier Kisten mit Fellen und Bändern.
 a) Die Zwillinge „Schneller Pfeil" und „Adlerauge" packen doppelt so viele Kisten.
 b) Die Pferde können 14 Kisten tragen. Reicht das?

8 „Büffeljäger" kümmert sich um die Pferde.
 a) Jedes Pferd erhält einen neuen Gurt. Wie viele Gurte werden benötigt?
 b) Wie viele Pferde müssen noch eingefangen werden?
 c) Jedes Pferd bekommt zwei neue Decken.

9 „Kleiner Häuptling" kümmert sich um die Hunde.
 a) Wie viele Hunde gehören zum Stamm?
 b) Jeder Hund bekommt ein neues Halsband. Für ein Band braucht man drei Fäden.

Schreibe eigene Indianer-Geschichten.

Das hast du gerade gelernt

1 Welche Zahlen sind Quadrat-Zahlen? Schreibe die Mal-Aufgabe dazu.
a) 16, 33, 36, 44, 64, 100
b) 11, 25, 30, 40, 49, 81

2 a) 3 · 3 + 3   b) 8 · 8 + 8
    3 · 3 − 3   8 · 8 − 8
c) 5 · 5 + 5   d) 9 · 9 + 9
    5 · 5 − 5   9 · 9 − 9

3 a) 4 · 7   b) 6 · 8   c) 5 · 6
    3 · 9   7 · 5   8 · 9
    9 · 6   8 · 7   3 · 7

4 a) 35 : 7   b) 40 : 8   c) 36 : 9
    32 : 8   54 : 6   56 : 8
    48 : 6   63 : 7   49 : 7

5 Wie viele Tage sind es?
a) 1 Woche und 5 Tage = ___ Tage
b) 3 Wochen und 4 Tage = ___ Tage
c) 5 Wochen und 2 Tage = ___ Tage

6 Aufgepasst!
a) 7 · 7   b) 10 + 9   c) 12 : 6
    7 − 7   10 − 9   12 − 6
    7 : 7   10 · 9   12 · 6

7 Welches Rechenzeichen passt?
[+] [−] [·] [:]
a) 8 □ 8 = 64   b) 14 □ 7 = 21
    8 □ 8 = 0   14 □ 7 = 2
    8 □ 8 = 1   14 □ 7 = 7

8 Welche Zahlen gehören
a) zur Vierer-Reihe und zur Sechser-Reihe,
b) zur Achter-Reihe und zur Sechser-Reihe?
Schreibe die passenden Mal-Aufgaben dazu.

9 a) [Rad mit Zahlen 8, 9, 7, 5, 3; Bahn: · 4, + 4, : 4]
b) Die Zielzahl ist immer um ___ als die Startzahl.

10 a) [Rad mit Zahlen 5, 8, 10, 6, 7; Bahn: · 6, − 30, : 6]
b) Die Zielzahl ist immer um ___ als die Startzahl.

11 Malduro. Schreibe immer die verwandten Aufgaben
a) 7 8
b) 8 48
c) 7 49

12 Welches Malduro ist es?
Ein Auge ist doppelt so groß wie das andere. Im Mund steht eine Zahl zwischen 30 und 40.

Kannst du das noch?

1 a) Welche Figuren sind Rechtecke? Welche davon Quadrate?
b) Welche Figuren sind Dreiecke?

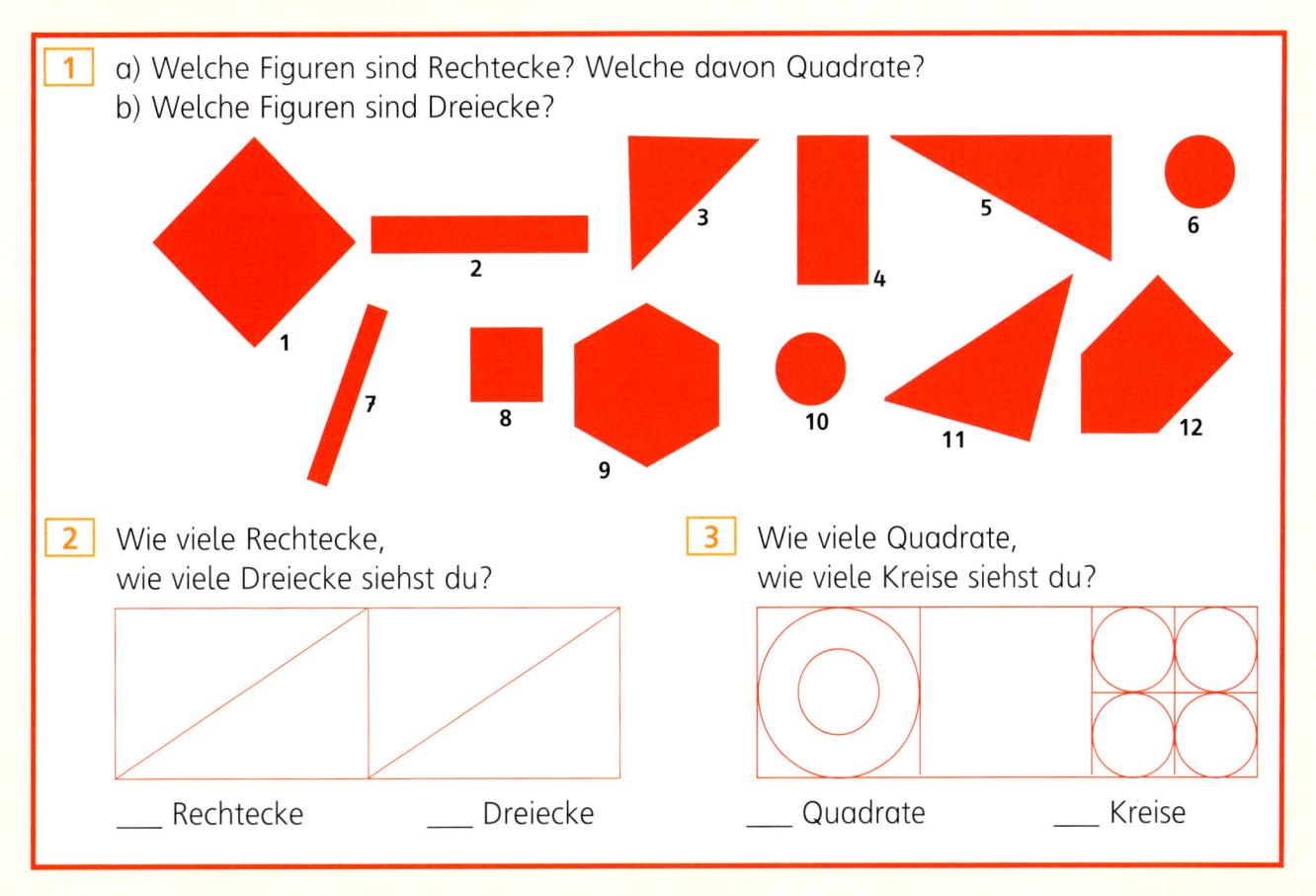

2 Wie viele Rechtecke, wie viele Dreiecke siehst du?

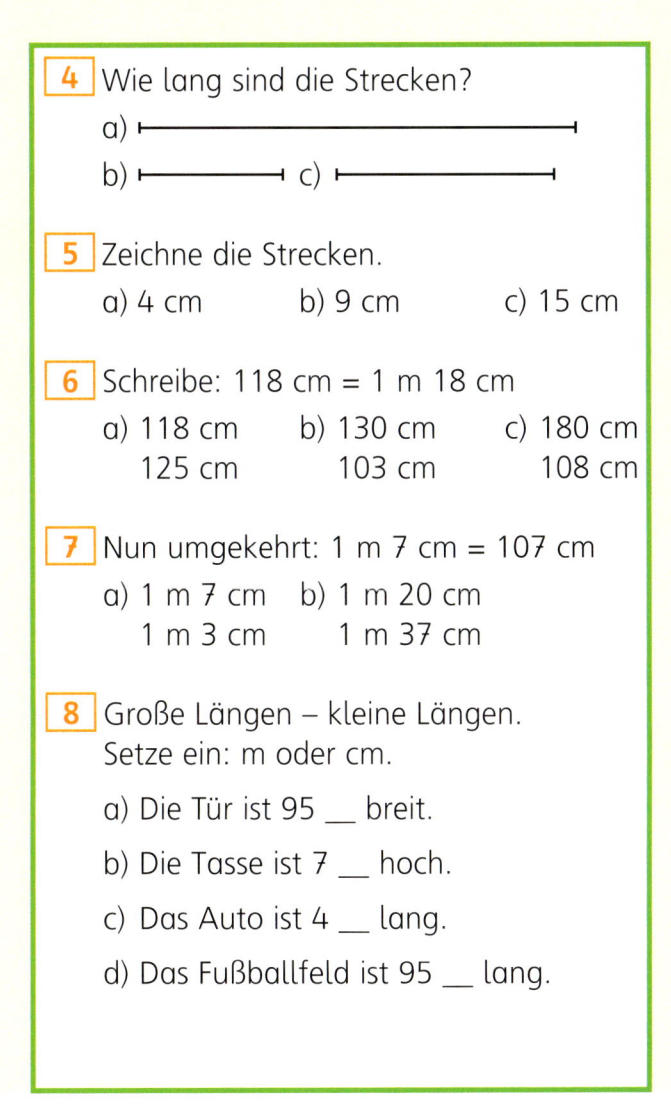

___ Rechtecke ___ Dreiecke

3 Wie viele Quadrate, wie viele Kreise siehst du?

___ Quadrate ___ Kreise

4 Wie lang sind die Strecken?
a)
b) c)

5 Zeichne die Strecken.
a) 4 cm   b) 9 cm   c) 15 cm

6 Schreibe: 118 cm = 1 m 18 cm
a) 118 cm   b) 130 cm   c) 180 cm
   125 cm   103 cm   108 cm

7 Nun umgekehrt: 1 m 7 cm = 107 cm
a) 1 m 7 cm   b) 1 m 20 cm
   1 m 3 cm   1 m 37 cm

8 Große Längen – kleine Längen.
Setze ein: m oder cm.

a) Die Tür ist 95 ___ breit.
b) Die Tasse ist 7 ___ hoch.
c) Das Auto ist 4 ___ lang.
d) Das Fußballfeld ist 95 ___ lang.

9 Welche Ziffern gehören zu den Zeichen?

a)
▲ · ▲ = ● ✚
▲ · ● = ▲
▲ + ● = ☾
▲ + ☾ = ▬
▬ ▬ : ▬ = ● ▬
✚ : ✚ = ● ▬

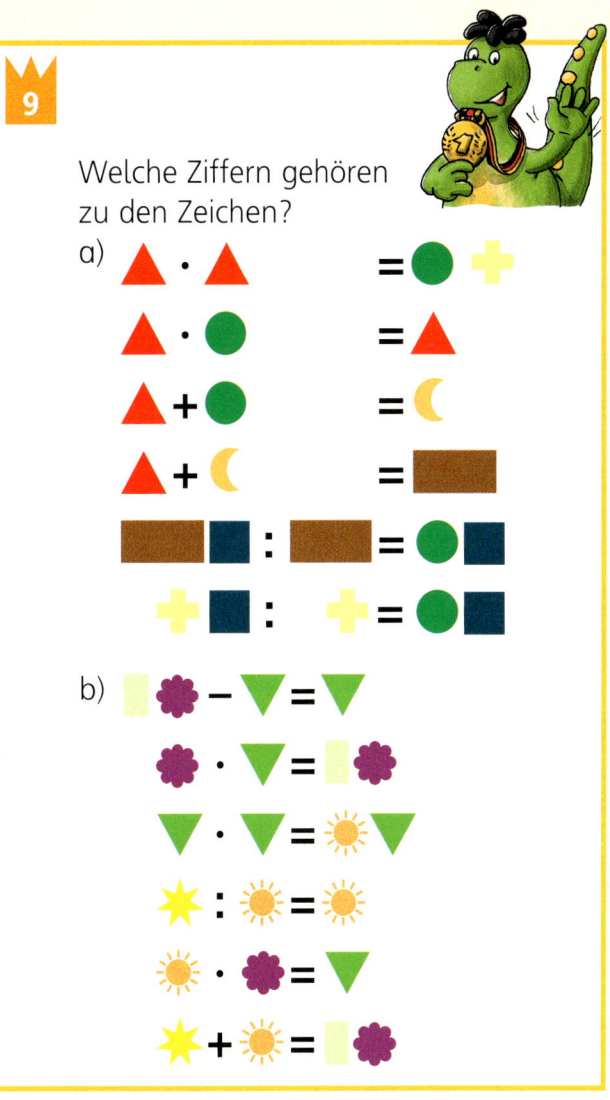

b)
❀ − ▽ = ▽
❀ · ▽ = ❀
▽ · ▽ = ☀ ▽
★ : ☀ = ☀
☀ · ❀ = ▽
★ + ☀ = ❀

Körper

1 Was siehst du?

a) b) c) d) e) f)

2

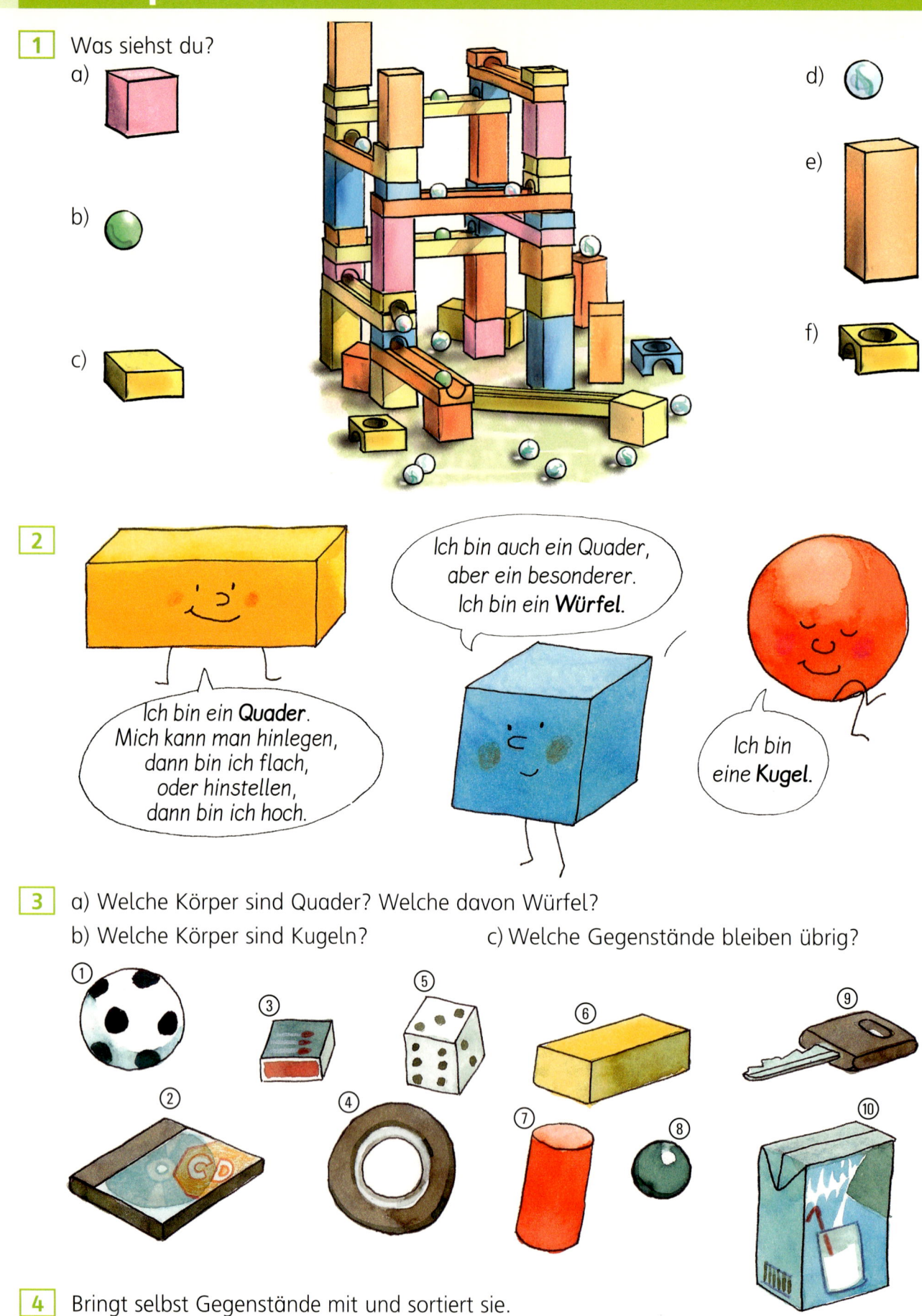

Ich bin ein **Quader**. Mich kann man hinlegen, dann bin ich flach, oder hinstellen, dann bin ich hoch.

Ich bin auch ein Quader, aber ein besonderer. Ich bin ein **Würfel**.

Ich bin eine **Kugel**.

3 a) Welche Körper sind Quader? Welche davon Würfel?
b) Welche Körper sind Kugeln?   c) Welche Gegenstände bleiben übrig?

4 Bringt selbst Gegenstände mit und sortiert sie.

5 Was kannst du fühlen?

6 Nenne weitere Gegenstände, die aussehen wie ein Quader, wie ein Würfel, wie eine Kugel. Schreibe sie auf.

Quader und Würfel

101

1 Stelle aus einer Kartoffel einen Quader her.

2 Tom hat mit seinem Kartoffelquader gestempelt.
Welche Figuren hat er erhalten? Beschreibe.

3 Kannst du mit einem Kartoffelquader auch ein Quadrat stempeln?

4 Welche Gegenstände wurden für das Bild benutzt?

5 Zeichne auch ein Bild. Verwende verschiedene Gegenstände als Schablone.

6 Wie viele Quader siehst du? Wie viele davon sind Würfel?

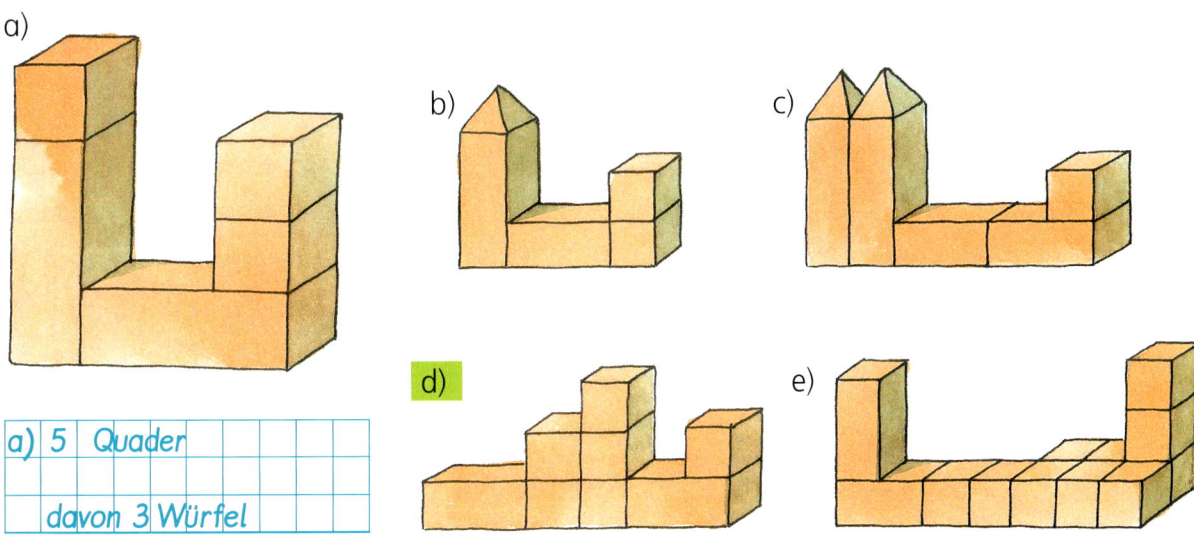

a) 5 Quader
davon 3 Würfel

Orientierung im Raum

1 Wo sehen Tom und Anna den roten Würfel? Links oder rechts?

a) Anna / Tom
b)
c)

2 Wo sehen die Kinder den roten Würfel? Links, rechts, vorne oder hinten?
Baut und schaut nach. Schreibt in euer Heft.

a) Lena / Peter
b) Lisa / Jan
c) Lena / Lisa / Jan / Peter

Lena: rechts, hinten

Peter: links,

3 Wo sehen die Kinder den roten Würfel? Links, rechts, vorne, hinten, oben oder unten?
Baut und schaut nach. Schreibt in euer Heft wie in Aufgabe 2.

a) Lena / Lisa / Jan / Peter
b)

4 Die Kinder haben vier Würfel, einen roten und drei gelbe.
Sie haben mit den Würfeln gebaut.
Wie könnte das Gebäude aussehen?
Baut es auf.

Ich sehe den roten Würfel hinten unten.

links unten

vorne unten

rechts unten

Wege

103

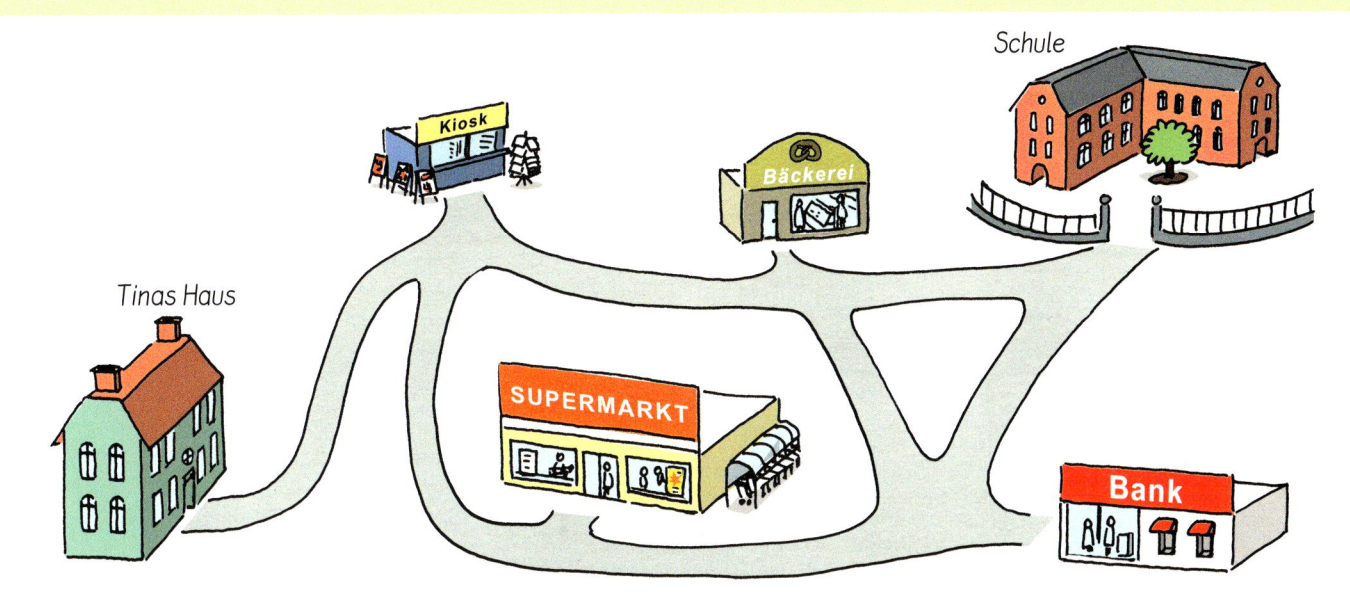

1 Tina geht zur Schule.
Sie geht am Kiosk und an der Bäckerei vorbei.　　Tinas Haus – Kiosk – Bäckerei – Schule

　a) Tina kann noch andere Wege zur Schule gehen. Schreibe einen anderen Weg
　　 wie oben auf.

　b) Zahlix meint, dass Tina vier verschiedene Möglichkeiten hat, um zur Schule zu gehen.
　　 Findest du sie alle?

2 Tina muss zur Bäckerei. Überprüfe und schreibe: stimmt oder stimmt nicht.

　a) Sie muss an der Bank vorbei.
　b) Sie muss am Kiosk vorbei.　　　　　2 a) stimmt nicht
　c) Sie muss am Supermarkt vorbei.　　　 b)

3 Tina muss zur Bank. Überprüfe und schreibe: stimmt oder stimmt nicht.

　a) Sie muss an der Bäckerei vorbei.　　　b) Sie muss am Supermarkt vorbei.
　c) Sie muss am Kiosk vorbei.

4 Tom möchte Jan besuchen. Wie kann Tom gehen? Schreibe in dein Heft.

5 Auf dem Weg zum See möchte Tom nicht an der Kirche vorbeigehen. Geht das?

6 Bevor Tom zum Schwimmbad geht, möchte er noch zur Bäckerei.
Er will aber keinen Weg doppelt gehen. Wie muss er gehen?

7 Erfindet selbst Aufgaben zu dem Bild. Der Partner löst sie.

Weiter im Addieren und Subtrahieren

1 23 + ☐Z ☐E

Ziffernkarten: 4, 5, 2, 3, 7, 0

Schnell bin ich hier.

23 + 40 = ____

Hier helfe ich mir.

23 + 35 = ____

2

23 + 35

+30, +5
23 → 53 → 58

Erst plus 5, dann plus 30.

+5, +30
23 → 28 → 58

58

Svea

Lea

Florian

Mailin:
23 + 35 = 58
23 + 30 = 53
53 + 5 = 58

Tom:
23 + 35 = 58
20 + 30 = 50
3 + 5 = 8

1, 2 Immer zwei Ziffernkarten aussuchen und die Aufgabe legen. Entscheiden, ob die Lösung im Kopf oder mit Hilfe gelingt. Aufgabe und Ergebnis aufschreiben.

Addieren ohne Überschreiten

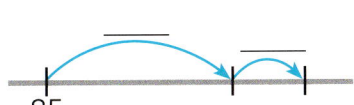

1 Löse am Rechenstrich.

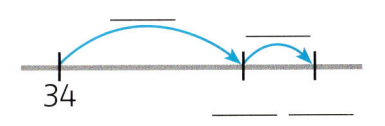

a) 15 + 51 = ___   b) 56 + 32 = ___   c) 41 + 18 = ___

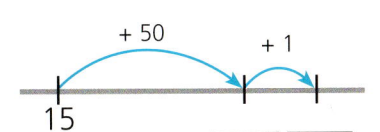

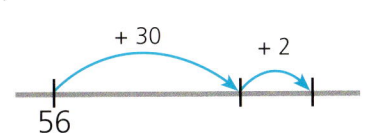

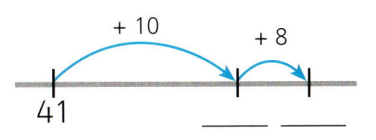

2 a) 85 + 12 = ___   b) 22 + 67 = ___   c) 34 + 35 = ___

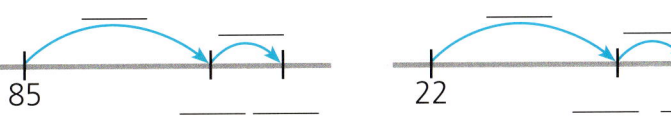

3 Zeige am Rechenstrich, wie du die Aufgabe gelöst hast.

a) 34 + 15	b) 56 + 33	c) 36 + 12	d) 40 + 38	e) 44 + 26
25 + 31	45 + 54	46 + 24	54 + 11	57 + 30
42 + 26	37 + 43	35 + 20	27 + 33	21 + 48

48   49   55   56   60   65   68   69   70   70   78   80   83   87   89   99

4
a) 43 + 16 / 43 + 15 / 43 + 14
b) 65 + 24 / 64 + 24 / 63 + 24
c) 14 + 32 / 14 + 42 / 14 + 52
d) 36 + 63 / 36 + 53 / 36 + 43
e) 82 + 15 / 72 + 15 / 62 + 15

5 a) Welche Aufgabenfolge aus Aufgabe 4 ist gemeint?
Regel A: Die zweite Zahl wird immer um 1 kleiner, das Ergebnis auch.
Regel B: Die erste Zahl wird immer um 10 kleiner, das Ergebnis auch.

b) Schreibe auch die Regeln für die anderen Aufgabenfolgen auf.

6 27 + 43 = ___

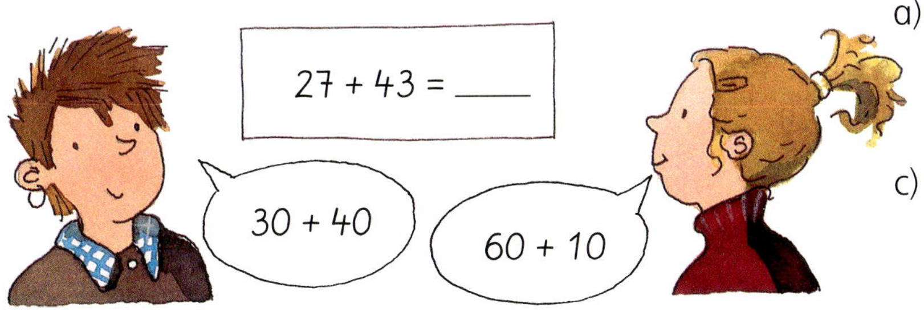

30 + 40   60 + 10

a) 27 + 43	b) 56 + 24
48 + 32	39 + 51
24 + 26	18 + 42
c) 36 + 54	d) 67 + 33
17 + 63	45 + 25
28 + 42	21 + 79

50   60   60   70   70   70   80   80   80   90   90   100   100

7
a) 55 + 30	b) 18 + 70	c) 50 + 16	d) 44 + 10	e) 10 + 37
22 + 20	74 + 10	47 + 30	20 + 13	59 + 10
67 + 30	29 + 30	80 + 18	35 + 40	40 + 60

33   42   47   54   56   59   66   69   75   77   84   85   88   97   98   100

8
a) 42 + 9	b) 87 + 8	c) 79 + 7	d) 30 + 8	e) 55 + 7
16 + 3	44 + 5	66 + 7	82 + 9	53 + 6
53 + 8	33 + 7	17 + 7	78 + 4	26 + 4

19   24   30   38   40   49   51   55   59   61   62   73   82   86   91   95

4, **5** Starke Aufgaben: Aufgabenfolge fortsetzen, Gesetzmäßigkeit aufschreiben.

Subtrahieren ohne Überschreiten

1 Löse am Rechenstrich.

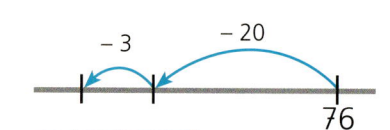

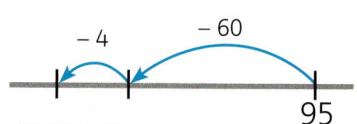

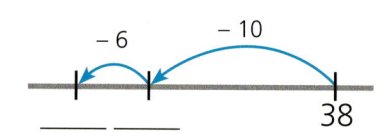

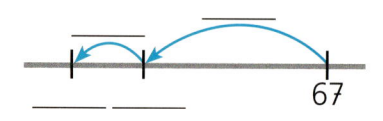

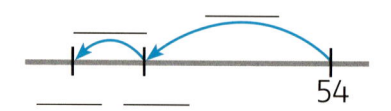

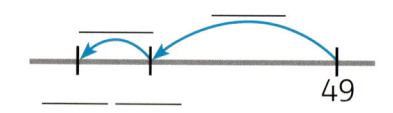

a) 76 − 23 = ____
b) 95 − 64 = ____
c) 38 − 16 = ____

2 a) 67 − 35 = ____
b) 54 − 32 = ____
c) 49 − 14 = ____

3 Zeige am Rechenstrich, wie du die Aufgabe gelöst hast.

a) 68 − 22
    56 − 24
    97 − 36

b) 59 − 32
    74 − 54
    85 − 62

c) 43 − 13
    52 − 20
    39 − 17

d) 63 − 30
    78 − 27
    88 − 18

e) 93 − 82
    64 − 51
    55 − 34

11   13   20   21   22   23   27   28   30   32   32   33   46   51   61   70

4
a) 57 − 36
    57 − 35
    57 − 34

b) 85 − 55
    86 − 55
    87 − 55

c) 79 − 24
    79 − 34
    79 − 44

d) 44 − 42
    44 − 32
    44 − 22

e) 78 − 16
    68 − 16
    58 − 16

5 a) Welche Aufgabenfolge aus Aufgabe 4 ist gemeint?
    Regel A: Die erste Zahl wird immer um 1 größer, das Ergebnis auch.
    Regel B: Die zweite Zahl wird immer um 10 größer, das Ergebnis immer um 10 kleiner.
b) Schreibe auch die Regeln für die anderen Aufgabenfolgen auf.

6 70 − 40
73 − 43 = ____

a) 73 − 43
    54 − 24
    48 − 38

b) 66 − 46
    95 − 45
    88 − 28

c) 74 − 34
    62 − 42
    58 − 18

d) 91 − 11
    75 − 25
    64 − 34

e) 37 − 17
    41 − 11
    83 − 63

f) 97 − 87
    86 − 16
    82 − 62

10   10   20   20   20   20   20   30   30   30   30   40   40   50   50   50   60   70   80

7
a) 83 − 70
    66 − 20
    18 − 10

b) 90 − 20
    85 − 40
    47 − 30

c) 31 − 10
    99 − 60
    64 − 10

d) 93 − 10
    87 − 20
    58 − 30

e) 70 − 20
    85 − 10
    74 − 40

8   13   17   21   28   34   39   45   46   50   54   61   67   70   75   83

8
a) 81 − 4
    90 − 6
    13 − 2

b) 45 − 9
    18 − 9
    72 − 9

c) 54 − 4
    77 − 8
    22 − 5

d) 53 − 7
    34 − 8
    60 − 3

e) 31 − 6
    39 − 5
    80 − 8

9   11   17   25   26   34   36   46   50   57   63   69   72   76   77   84

4, 5 Starke Aufgaben: Aufgabenfolge fortsetzen, Gesetzmäßigkeit aufschreiben.

Übungen zum Addieren und Subtrahieren

1 Das ist Rufus. Rufus ist ein a) _____hund.
Er hat lange b) _____
und kann besonders schnell c) _____.

a) 87 + 3 = ____
50 − 3 = ____
19 + 7 = ____
25 − 6 = ____

b) 20 + 21 = ____
13 + 35 = ____
22 + 17 = ____
16 + 10 = ____
52 + 22 = ____

c) 48 − 44 = ____
59 − 13 = ____
99 − 28 = ____
85 − 35 = ____
64 − 30 = ____
37 − 27 = ____

2 Alle Hunde stammen vom
a) _____ ab. Es gibt viele
verschiedene b) Hunde_____.

a) 66 + 7 = ____
87 + 7 = ____
46 + 8 = ____
21 − 8 = ____

b) 12 + 13 = ____
38 − 35 = ____
49 − 12 = ____
41 + 25 = ____
60 − 12 = ____
11 + 21 = ____

3 Hunde können sehr gut a) _____
und b) _____.

a) 71 + 6 = ____
71 − 9 = ____
7 + 18 = ____
62 − 46 = ____
80 − 8 = ____

b) 45 + 20 − 4 = ____
64 + 26 − 3 = ____
95 − 24 + 3 = ____
99 − 20 + 4 = ____
21 + 21 + 3 = ____
79 − 30 − 1 = ____
16 + 14 + 2 = ____

4 Hunde helfen den Menschen. Sie können
sehr gut a) _____ hüten, b) _____
suchen und c) _____ führen.

a) 88 − 45 = ____
42 − 21 = ____
52 − 7 = ____
65 + 20 = ____
43 + 9 = ____
56 − 51 = ____

b) 60 − 8 = ____
75 − 20 = ____
59 − 58 = ____
50 − 25 = ____
52 − 8 = ____
83 − 9 = ____
92 − 23 = ____

c) 81 − 26 − 14 = ____
90 − 16 − 20 = ____
17 + 23 + 27 = ____
63 + 16 − 53 = ____
47 − 38 + 18 = ____
84 − 66 + 16 = ____

Zahlen-ABC: Rechnen, zum Ergebnis im Zahlen-ABC den passenden Buchstaben suchen und eintragen.

Addieren mit Überschreiten

108 5|1|1 5|1|2

1 36 + 28 =

36 →+20→ 56 →+8→ 64

36 ... 56 ... 64

36 →+20→ 56 →+4→ 60 →+4→ 64

Svea

Leon:
36 + 28 = 64
36 + 20 = 56
56 + 8 = 64

Lea:
36 + 28 = 64
30 + 30 = 50
6 + 8 = 14

Jens

2
a) 22 + 69
38 + 38
14 + 47

b) 56 + 39
36 + 46
27 + 57

c) 36 + 18
47 + 24
35 + 27

d) 43 + 38
54 + 18
27 + 37

e) 46 + 24
57 + 35
28 + 48

54 60 61 62 64 70 71 72 76 76 81 82 84 91 92 95

3
a) 55 + 17
36 + 28
44 + 17

b) 46 + 35
29 + 43
31 + 67

c) 28 + 26
44 + 44
33 + 33

d) 65 + 27
49 + 32
35 + 37

e) 48 + 26
29 + 22
17 + 67

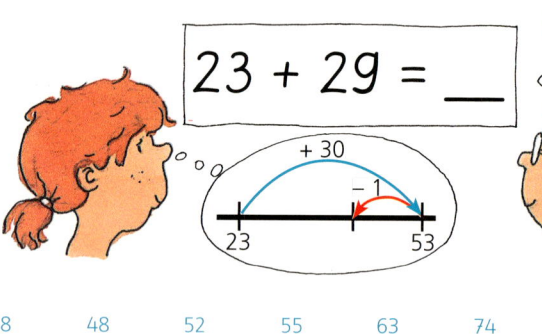

51 54 61 64 66 72 72 72 74 81 81 82 84 88 92 98

4 23 + 29 = ___

22 + 30

23 →+30→ 53 ←–1

a) 23 + 29
36 + 19
45 + 29

b) 44 + 19
38 + 39
66 + 29

c) 59 + 37
29 + 54
49 + 26

d) 58 + 29
19 + 19
48 + 48

38 48 52 55 63 74 75 77 83 87 95 96 96

5
a) 63 + 9
42 + 9
75 + 9

b) 89 + 7
55 + 6
18 + 4

c) 26 + 8
67 + 5
17 + 9

d) 32 + 30
40 + 17
13 + 30

e) 20 + 59
74 + 20
50 + 31

22 26 34 43 51 57 61 62 72 72 79 81 84 87 94 96

6
a) 40 : 8 + 8
81 : 9 + 9
9 : 3 + 1

b) 24 : 6 + 2
14 : 7 + 1
80 : 8 + 7

c) 45 : 5 + 5
14 : 2 + 3
6 : 6 + 1

d) 12 : 4 + 5
10 : 1 + 1
63 : 9 + 2

e) 27 : 9 + 4
20 : 2 + 2
72 : 8 + 6

2 3 4 5 6 7 8 9 10 12 11 13 14 15 17 18

1 Kannst du die Zwischenschritte im Kopf rechnen?

a) 63 + 23
63 + 25
63 + 28
63 + 29

(63, 83, 86)

b) 47 + 31
47 + 34
47 + 36
47 + 38

c) 65 + 25
65 + 26
65 + 28
65 + 29

78   81   83   85   86   88   89   90   91   91   92   93   94

2

a) + 16
35	
37	
39	

b) + 39
24	
27	
29	

c) + 27
56	
44	
68	

d) + 44
38	
47	
29	

e) + 25
67	
56	
49	

51   53   55   63   66   68   71   73   74   81   82   83   85   91   92   95

3

a) 12 + 18
22 + 18
32 + 18

b) 45 + 53
35 + 43
25 + 33

c) 44 + 16
46 + 18
48 + 20

d) 28 + 47
27 + 46
26 + 45

e) 66 + 16
64 + 18
62 + 20

4 a) Welche Aufgabenfolge aus Aufgabe 3 ist gemeint?
Regel A: Beide Zahlen werden immer um 10 kleiner, das Ergebnis immer um 20 kleiner.
Regel B: Beide Zahlen werden immer um 2 größer, das Ergebnis immer um 4 größer.

b) Schreibe auch die Regeln für die anderen Aufgabenfolgen auf.

5 Was fällt dir auf?

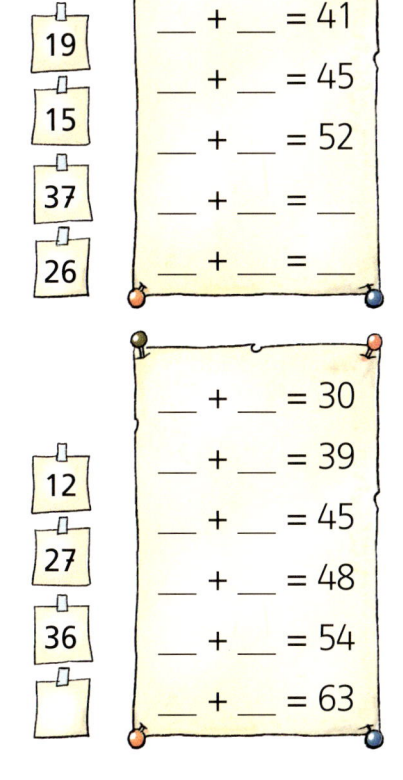

a) 37 + 42
32 + 47

b) 29 + 53
23 + 59

c) 47 + 26
46 + 27

d) 56 + 18
58 + 16

e) 63 + 29
69 + 23

6 Sechser-Pack

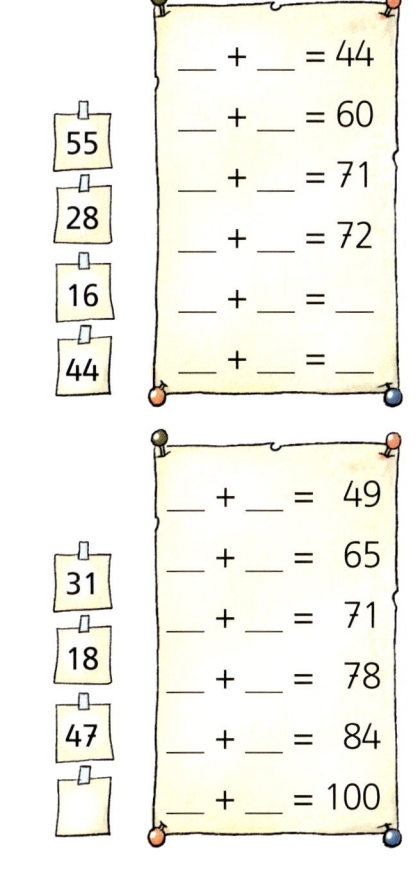

19, 15, 37, 26

__ + __ = 34
__ + __ = 41
__ + __ = 45
__ + __ = 52
__ + __ = __
__ + __ = __

55, 28, 16, 44

__ + __ = 44
__ + __ = 60
__ + __ = 71
__ + __ = 72
__ + __ = __
__ + __ = __

7

20, 48, 35

__ + __ = 28
__ + __ = 43
__ + __ = 55
__ + __ = 56
__ + __ = 68
__ + __ = 83

12, 27, 36

__ + __ = 30
__ + __ = 39
__ + __ = 45
__ + __ = 48
__ + __ = 54
__ + __ = 63

31, 18, 47

__ + __ = 49
__ + __ = 65
__ + __ = 71
__ + __ = 78
__ + __ = 84
__ + __ = 100

3, **4** Starke Aufgaben: Aufgabenfolge fortsetzen, Gesetzmäßigkeiten aufschreiben.

Subtrahieren mit Überschreiten

1

82 − 36 =

Jan: 82 ... 52 ... 46

Peter:
82 − 36 = 46
82 − 30 = 52
52 − 6 = 46

Leon

2
a) 92 − 47
73 − 26
84 − 55

b) 96 − 48
84 − 15
76 − 39

c) 43 − 14
52 − 26
31 − 17

d) 63 − 36
72 − 27
81 − 18

e) 91 − 72
64 − 26
55 − 34

14 19 21 26 27 28 29 29 37 38 45 45 47 48 63 69

3
a) 54 − 18
75 − 39
67 − 35

b) 32 − 15
68 − 43
56 − 27

c) 45 − 27
93 − 66
58 − 29

d) 83 − 37
47 − 38
74 − 36

e) 72 − 69
91 − 37
96 − 83

3 9 13 17 18 19 25 27 29 29 32 36 36 38 46 54

4

73 − 29 = ___

74 − 30

a) 73 − 29
54 − 39
36 − 19

b) 82 − 59
43 − 29
67 − 49

c) 93 − 69
75 − 39
52 − 29

d) 62 − 29
91 − 79
63 − 49

12 14 14 15 17 18 23 23 24 33 34 36 44

5
a) 77 − 9
53 − 9
96 − 9

b) 82 − 8
61 − 5
22 − 4

c) 55 − 6
87 − 7
72 − 3

d) 44 − 20
81 − 30
96 − 60

e) 85 − 40
49 − 10
76 − 70

6 18 24 36 39 44 45 49 51 56 61 68 69 74 80 87

6
a) 7 · 8 − 40
9 · 3 − 20
6 · 6 − 10

b) 4 · 5 − 10
2 · 7 − 10
8 · 6 − 20

c) 7 · 5 − 20
3 · 9 − 10
5 · 8 − 20

d) 3 · 6 − 10
6 · 9 − 30
7 · 7 − 20

e) 8 · 4 − 20
6 · 7 − 20
7 · 8 − 20

4 7 8 10 12 15 16 17 20 21 22 24 26 28 29 36

1 Kannst du die Zwischenschritte im Kopf rechnen?

a) 55 – 23
   55 – 25
   55 – 26
   55 – 28

55, 35, 32

b) 62 – 31
   62 – 34
   62 – 36
   62 – 38

c) 93 – 51
   93 – 53
   93 – 55
   93 – 59

24 26 27 28 29 30 31 32 34 37 38 40 42

2
a) – 16 | 46 | 45 | 40
b) – 28 | 68 | 66 | 62
c) – 39 | 99 | 96 | 90
d) – 47 | 67 | 65 | 60
e) – 25 | 75 | 71 | 70

13 18 20 24 28 29 30 34 38 40 45 46 50 51 57 60

3
a) 73 – 18
   63 – 18
   53 – 18

b) 94 – 55
   84 – 45
   74 – 35

c) 88 – 28
   86 – 30
   84 – 32

d) 65 – 27
   64 – 26
   63 – 25

e) 76 – 38
   76 – 40
   76 – 42

4 a) Welche Aufgabenfolge aus Aufgabe 3 ist gemeint?
Regel A: Beide Zahlen werden immer um 10 kleiner, das Ergebnis bleibt gleich.
Regel B: Die erste Zahl wird immer um 10 kleiner, das Ergebnis auch.

b) Schreibe auch die Regeln für die anderen Aufgabenfolgen auf.

5 Zahl minus Spiegelzahl

a) 43 – 34
   54 – 45
   65 – 56

b) 53 – 35
   64 – 46
   75 – 57

c) 41 – 14
   52 – 25
   63 – 36

d) 51 – 15
   62 – 26
   73 – 37

e) 61 – 16
   72 – 27
   83 – 38

f) Schau dir die Ergebnisse an. Was fällt dir auf? Alle Ergebnisse gehören zur ___-Reihe.

g) Findest du zu jedem Päckchen noch eine weitere Aufgabe?

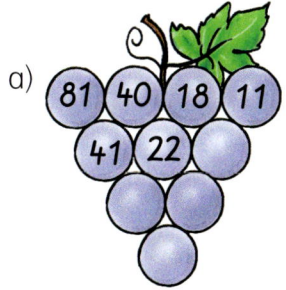

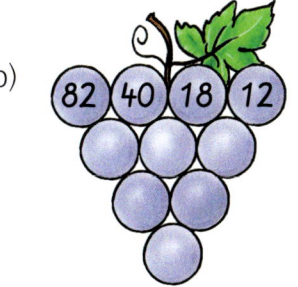

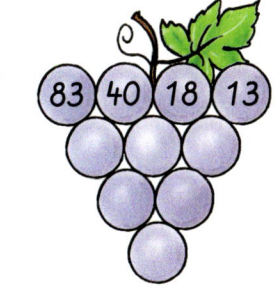

6 a) 81 40 18 11
        41 22

b) 82 40 18 12

c) 83 40 18 13

d) Von Traube zu Traube: oben außen immer _____, unten immer _____.

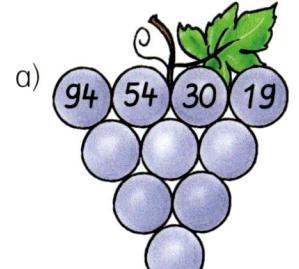

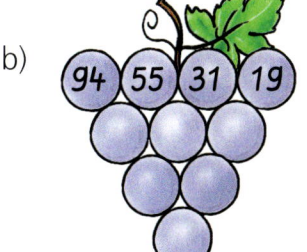

7 a) 94 54 30 19

b) 94 55 31 19

c) 94 56 32 19

d) Von Traube zu Traube: oben in der Mitte immer _____, unten immer _____.

3, **4**, **5** Starke Aufgaben: Gesetzmäßigkeiten erkennen und aufschreiben.

Das hast du gerade gelernt

1
a) 44 + 15   b) 21 + 36   c) 56 + 33
   32 + 28   56 + 40   30 + 47
   67 + 31   64 + 36   26 + 54

57 59 60 66 77 80 89 96 98 100

2
a) + 27   b) + 39   c) + 46

38		27		36
49		55		47
65		48		29

65 66 75 76 82 86 87 92 93 94

3
a) − 32   b) − 44   c) − 25

64		95		100
96		78		60
75		89		98

32 34 35 43 45 51 63 64 73 75

4
a) 43 − 18   b) 55 − 26   c) 90 − 56
   92 − 25   63 − 35   84 − 42
   85 − 46   44 − 22   72 − 36

22 25 28 29 34 36 39 42 46 67

5
a) 37 + 43   b) 74 − 39   c) 28 + 49
   46 + 24   93 − 59   36 + 59
   28 + 62   86 − 49   29 + 29

34 35 37 58 64 70 77 80 90 95

6 Schreibe zwei weitere Aufgaben.
a) 33 + 26   b) 78 − 33   c) 50 − 22
   34 + 27   79 − 34   51 − 21
   35 + 28   80 − 35   52 − 20

7
a) 27 + 38 − 17   b) 35 + 46 − 16
   58 + 23 − 28   14 + 39 − 29
   46 + 58 − 16   48 + 44 − 14

24 35 48 53 65 78 88

8 Wie heißt die Zahl?

a) Wenn du 45 davon subtrahierst, erhältst du 37.

b) Wenn du 33 addierst, erhältst du 60.

9 Welche Körper sind es? Kreuze an. Bei manchen Körpern musst du zwei Kreuze machen.

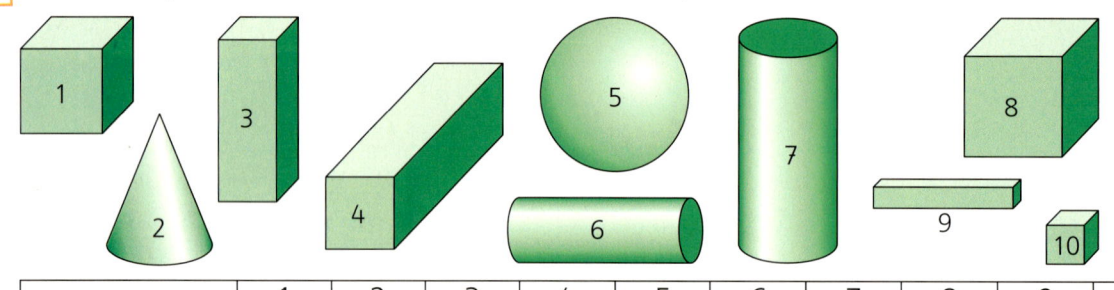

	1	2	3	4	5	6	7	8	9	10
Quader										
Würfel										
Kugel										
andere										

10 Mit welchem Körper wurden die Flächen gezeichnet? Ordne zu.

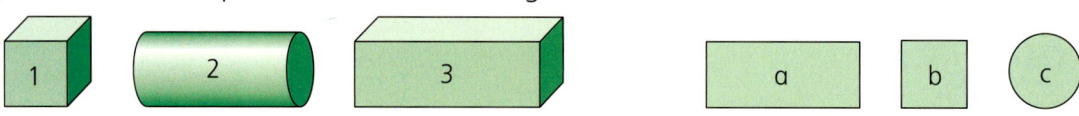

Kannst du das noch?

1 Die Indianer a) _____ heute in Reservaten. Sie wohnen nicht mehr in b) _____, sondern in Häusern.

Viele Indianer c) _____ noch ihre d) _____ Sprache.

Sie sind e) _____ geschickt und können schönen Schmuck herstellen.

a) 24 : 6
   6 · 8
  14 − 14
  49 − 15
   6 · 6

b) 100 − 12
   30 : 6
    6 · 9
    7 · 5
   58 + 16
    4 · 7

c) 49 − 12
   7 · 10
   5 · 5
  40 : 8
   7 · 3
   9 · 5
  17 + 17
  100 − 64

d) 30 : 6
  48 : 8
   3 · 4
  100 − 26
   8 · 9
  45 : 9

e) 2 · 7
  25 : 5
  90 − 32
  58 + 21

2 a) 2 7 → 24   b) 3 → 24
c) 9 → 81   d) 6 → 42

3 Welches Malduro ist es?
  a) Beide Augen sind gleich. Im Mund steht eine Zahl zwischen 30 und 40.
  b) Ein Auge ist um 1 größer als das andere. Im Mund steht eine Zahl zwischen 60 und 80.

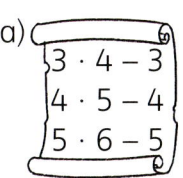

4 a) 3 · 4 − 3
    4 · 5 − 4
    5 · 6 − 5

b) 9 · 7 + 1
   8 · 6 + 1
   7 · 5 + 1

c) Die Ergebnisse sind immer _____.

5 [28 ... 45 ...]
__ + __ = 58
__ + __ = 73
__ + 45 = 75
__ + __ = 76
__ + __ = 78
__ + __ = 93

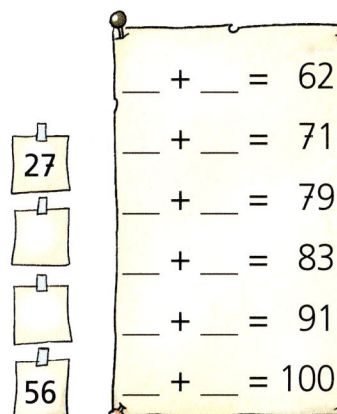

6 [27 ... 56]
__ + __ = 62
__ + __ = 71
__ + __ = 79
__ + __ = 83
__ + __ = 91
__ + __ = 100

Größen und Daten

1

"21, 22, 23, ..."

Zeitspannen
Sekunde
Minute
Stunde

Wie viele Sekunden kannst du auf einem Bein stehen?

Wie viele Sekunden kannst du ...?

2 Welche Zeitspannen kannst du mit welcher Uhr messen? Sekunden, Minuten, Stunden?

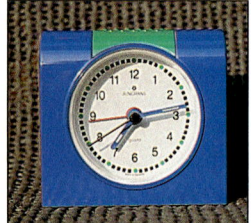

a) b) c) d)

3 Wie schnell waren die Kinder beim Schuhe binden? Schreibe in dein Heft.

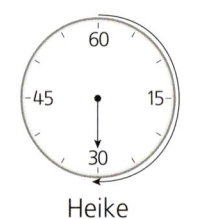

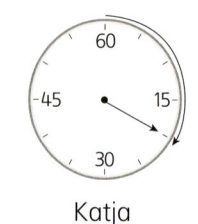

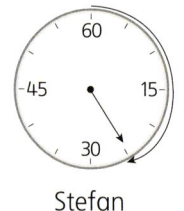

Heike   Peter   Katja   Stefan

Heike	_____ Sekunden
Peter	_____ Sekunden
Katja	_____ Sekunden
Stefan	_____ Sekunden

4 Wie lange brauchst du dafür? Schätze, bevor du misst.

a) bis 100 zählen
b) das ABC aufsagen
c) die 6er-Reihe aufsagen

1 Stunde = 60 Minuten
1 h = 60 min

1 Minute = 60 Sekunden
1 min = 60 s

5 Was dauert ungefähr so lange? Ordne zu.

a) 45 min   b) 10 h   c) 90 min   d) 12 s   e) 30 min   f) 15 min

Sendung mit der Maus

Fußballspiel

Schlafen

50-m-Lauf

Mathematikstunde

Pause

Zeitspannen

Nikos Nachmittage

Samstag 15.30 Uhr bis 17.15 Uhr
Montag 16.30 Uhr bis 17.30 Uhr
Mittwoch 17.00 Uhr bis 17.40 Uhr
Freitag 15.30 Uhr bis 17.30 Uhr
Sonntag 16.30 Uhr bis 18.00 Uhr

1 Wie lange dauert der Besuch im Zoo am Samstag?
Wie haben die Kinder gerechnet?

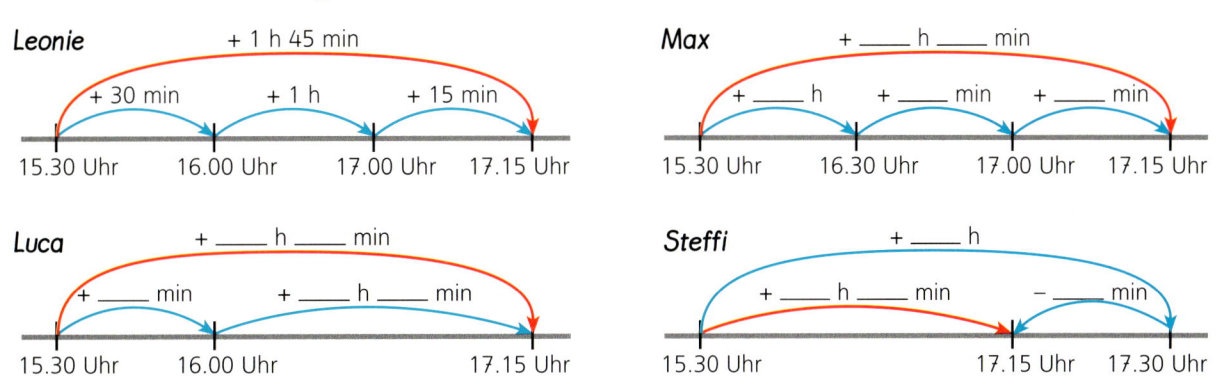

Leonie
+ 1 h 45 min
+ 30 min   + 1 h   + 15 min
15.30 Uhr   16.00 Uhr   17.00 Uhr   17.15 Uhr

Max
+ ___ h ___ min
+ ___ h   + ___ min   + ___ min
15.30 Uhr   16.30 Uhr   17.00 Uhr   17.15 Uhr

Luca
+ ___ h ___ min
+ ___ min   + ___ h ___ min
15.30 Uhr   16.00 Uhr   17.15 Uhr

Steffi
+ ___ h
+ ___ h ___ min   − ___ min
15.30 Uhr   17.15 Uhr   17.30 Uhr

2 Nikos Nachmittage: Wie lange dauert es? Löse auf deinem Weg.
a) Montag: Schwimmen
b) Mittwoch: Flöten
c) Freitag: Fahrradausflug
d) Sonntag: Zirkusbesuch

3 Nikos Schultag: Wie lange dauert es?
a) Frühstück: 7.30 Uhr bis 7.45 Uhr
b) Schulweg: 7.45 Uhr bis 8.00 Uhr
c) große Pause: 9.30 Uhr bis 10.00 Uhr
d) Mathestunde: 10.00 Uhr bis 10.45 Uhr
e) kleine Pause: 11.30 Uhr bis 11.45 Uhr
f) Mittagessen: 13.30 Uhr bis 14.00 Uhr
g) Wie lange dauert es bei dir? Schreibe die Uhrzeiten und die Dauer auf.

4 Wie lange dauert es?
a) von 9.00 Uhr bis 10.30 Uhr
b) von 10.00 Uhr bis 13.30 Uhr
c) von 11.00 Uhr bis 14.15 Uhr
d) von 9.00 Uhr bis 12.45 Uhr
e) von 11.30 Uhr bis 13.00 Uhr
f) von 13.45 Uhr bis 18.00 Uhr
g) von 15.15 Uhr bis 20.00 Uhr
h) von 8.15 Uhr bis 10.30 Uhr

5 Ergänze bis zur nächsten vollen Stunde.
a)
+ ___ min
___ min   ___ min
17.23 Uhr   17.30 Uhr   18.00 Uhr

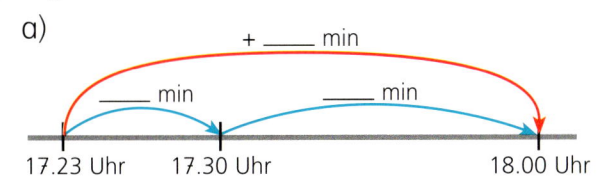

b) 16.17 Uhr
18.28 Uhr
22.14 Uhr

c) 14.26 Uhr
10.11 Uhr
9.05 Uhr

Kalender

2010

	Januar	Februar	März	April	Mai	Juni
Mo	4 11 18 25	1 8 15 22	1 8 15 22 29	5 12 19 26	3 10 17 24 31	7 14 21 28
Di	5 12 19 26	2 9 16 23	2 9 16 23 30	6 13 20 27	4 11 18 25	1 8 15 22 29
Mi	6 13 20 27	3 10 17 24	3 10 17 24 31	7 14 21 28	5 12 19 26	2 9 16 23 30
Do	7 14 21 28	4 11 18 25	4 11 18 25	1 8 15 22 29	6 13 20 27	3 10 17 24
Fr	1 8 15 22 29	5 12 19 26	5 12 19 26	2 9 16 23 30	7 14 21 28	4 11 18 25
Sa	2 9 16 23 30	6 13 20 27	6 13 20 27	3 10 17 24	1 8 15 22 29	5 12 19 26
So	3 10 17 24 31	7 14 21 28	7 14 21 28	4 11 18 25	2 9 16 23 30	6 13 20 27

Tim 5. Januar
Anna 20. Januar

Lisa 3. Februar
Lena 20. Februar
Niko 28. Februar

Hannah 13. März
Theo 23. März

Tom 1. April
Alex 3. April
Nina 15. April
Mona 30. April

Ayse 16. Mai
Fynn 24. Mai

Luca 15. Juni
Florian 20. Juni

1 Wie viele Monate hat ein Jahr? Wie heißen die Monate? Schreibe die Namen der Monate der Reihe nach auf. Wie viele Tage hat jeder Monat?

1. Monat: Januar — 3 1 Tage
2. Monat:

2 Wie viele Tage hat der Monat?
a) Januar b) April c) Mai
d) Juli e) August f) November

alle 31 Tage → Jan. 31, März 31, Mai 31, Juli 31, Aug. 31, Okt. 31, Dez. 31
fast alle 30 Tage → Feb. 28, April 30, Juni 30, Sept. 30, Nov. 30

3 Der Monat Februar ist eine Ausnahme. Warum?

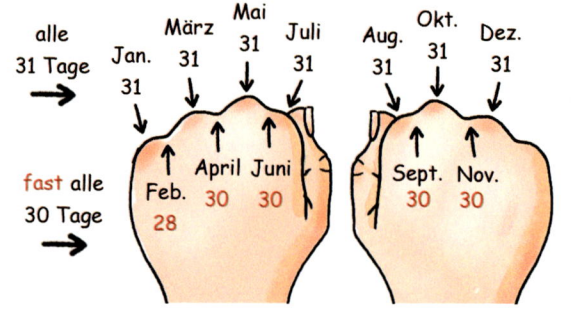

4 Alle vier Jahre ist ein „Schaltjahr". Was passiert da? Erkundige dich.

5 An welchen Wochentagen haben die Kinder Geburtstag? Schreibe das Datum auf.
a) Tim: Dienstag, 5.1.2010
b) Lisa c) Niko d) Theo
e) Nina f) Ayse g) Luca

6 Welcher Wochentag ist es im Jahr 2010? Schreibe das Datum auf.
a) Neujahr: Freitag, 1.1.2010
b) Nikolaus c) Silvester d) Heiligabend
e) dein Geburtstag

7 Welches Datum passt? Schreibe das richtige Datum auf.

a) Tim geht ins Freibad.
8. 2. 2010
2. 8. 2010
3. 12. 2010

b) Anna fährt Schlitten.
1. 7. 2010
17. 6. 2010
6. 1. 2010

c) Ben pflückt Äpfel.
8. 9. 2010
20. 2. 2010
5. 12. 2010

d) Lena kauft Osterglocken.
12. 11. 2010
28. 3. 2010
19. 7. 2010

2010

	Juli	August	September	Oktober	November	Dezember
Mo	5 12 19 26	2 9 16 23 30	6 13 20 27	4 11 18 25	1 8 15 22 29	6 13 20 27
Di	6 13 20 27	3 10 17 24 31	7 14 21 28	5 12 19 26	2 9 16 23 30	7 14 21 28
Mi	7 14 21 28	4 11 18 25	1 8 15 22 29	6 13 20 27	3 10 17 24	1 8 15 22 29
Do	1 8 15 22 29	5 12 19 26	2 9 16 23 30	7 14 21 28	4 11 18 25	2 9 16 23 30
Fr	2 9 16 23 30	6 13 20 27	3 10 17 24	1 8 15 22 29	5 12 19 26	3 10 17 24 31
Sa	3 10 17 24 31	7 14 21 28	4 11 18 25	2 9 16 23 30	6 13 20 27	4 11 18 25
So	4 11 18 25	1 8 15 22 29	5 12 19 26	3 10 17 24 31	7 14 21 28	5 12 19 26

Pia 13.7.
Amelie 19.7.
Lea 23.7.

Sergej 17.8.

Paul 2.9.
Eva 29.9.

Jonas 14.10.
Vanessa 26.10.

Arne 14.11.
Fabian 23.11.

Christian 24.12.

1 Ein Jahr – viele Geburtstage
a) In welchem Monat haben die meisten Kinder Geburtstag?
b) In welchen Monaten hat nur ein Kind Geburtstag?
c) In welchem Monat haben nur Mädchen Geburtstag?
d) In welchem Monat haben mehr Mädchen als Jungen Geburtstag?

2 Pia hat am 13. Juli Geburtstag.
a) Wer hat genau zehn Tage später Geburtstag?
b) Wer hat genau fünf Wochen später Geburtstag?
c) Wer hat genau vier Monate vorher Geburtstag?
d) Wer hat genau vier Wochen vorher Geburtstag?

3 Vergleiche.
a) Eva sagt: „Paul hat genau 20 Tage vor mir Geburtstag." Stimmt das?
b) Paul sagt: „Arne hat genau sechs Wochen nach mir Geburtstag." Stimmt das?
c) Fabian sagt: „Theo hat genau acht Monate vor mir Geburtstag." Stimmt das?

4 Wahr oder falsch?

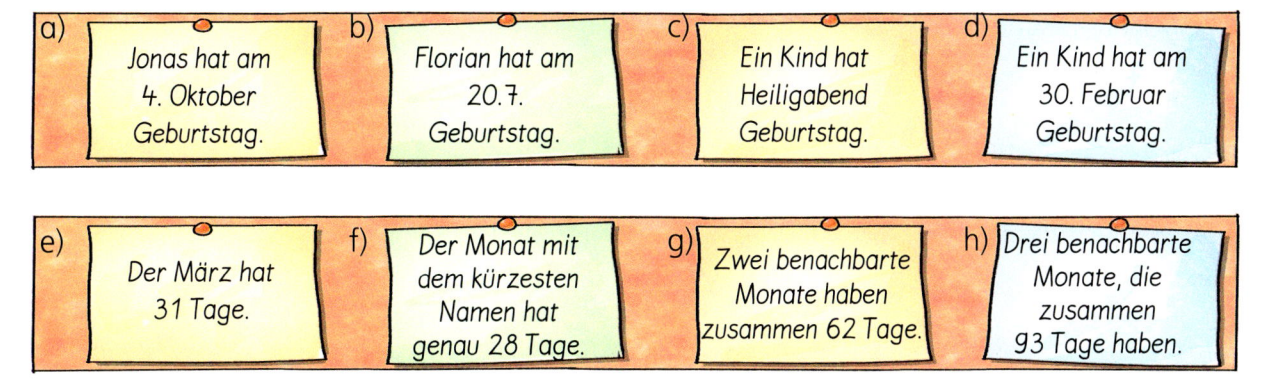

a) Jonas hat am 4. Oktober Geburtstag.
b) Florian hat am 20.7. Geburtstag.
c) Ein Kind hat Heiligabend Geburtstag.
d) Ein Kind hat am 30. Februar Geburtstag.

e) Der März hat 31 Tage.
f) Der Monat mit dem kürzesten Namen hat genau 28 Tage.
g) Zwei benachbarte Monate haben zusammen 62 Tage.
h) Drei benachbarte Monate, die zusammen 93 Tage haben.

5 Schreibe selbst Rätsel-Zettel wie in Aufgabe 4.

Strichliste und Schaubild

Lieblingsgerichte:

Pizza	Nudeln	Pommes

Pizza: ☐☐☐☐☐☐☐
Nudeln: ☐☐☐☐☐
Pommes: ☐☐☐☐☐☐☐☐☐☐☐☐☐

1 Die Klasse 2a erstellt Steckbriefe für ein Freundebuch. Die Kinder haben unterschiedliche Lieblingsspeisen.
 a) Was essen die Kinder am liebsten?
 b) Was essen die Kinder nicht so gerne?
 c) Wie viele Kinder sind in der Klasse 2a?

2 Frage deine Mitschüler, was sie am liebsten essen. Notiere das Ergebnis in einer Strichliste und zeichne dazu ein Schaubild.

3 Die Kinder haben unterschiedlich viele Geschwister.

Anzahl der Geschwister

- keine Geschwister
- 1 bis 2 Geschwister
- mehr als 2 Geschwister

 a) Wie viele Kinder haben keine Geschwister?
 b) Wie viele Kinder haben mehr als zwei Geschwister?
 c) Wie viele Kinder haben ein bis zwei Geschwister?

4 Frage deine Mitschüler, wie viele Geschwister sie haben. Notiere das Ergebnis in einer Strichliste. Zeichne dazu ein Schaubild.

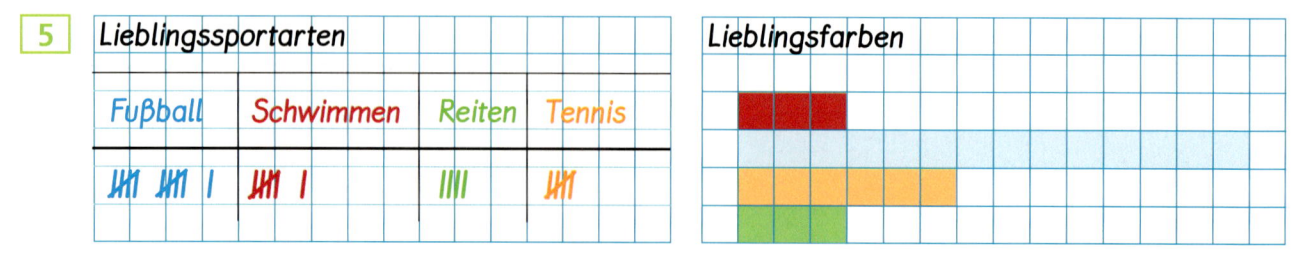

5

Lieblingssportarten			
Fußball	Schwimmen	Reiten	Tennis

Lieblingsfarben

 a) Welche Sportarten mögen die Kinder am liebsten? Welche nicht so gerne?
 b) Wie viele Kinder mögen die Farbe rot, wie viele die Farbe blau am liebsten?

6 Alle Kinder der Klasse haben ein Haustier. Vier Kinder haben sogar zwei Tiere. Kein Kind hat drei Tiere. Wie viele Kinder sind in der Klasse?

Hund
Katze
Hase

1 Minigolfplatz: Die Besucher werden in einer Strichliste gezählt.
a) Zeichne zu der Strichliste ein Schaubild. (Für einen Besucher zeichne 1 Kästchen)

Mittwoch

	Erwachsene	Kinder
Vormittag	IIII II	IIII IIII I
Nachmittag	IIII IIII IIII	IIII IIII IIII IIII IIII II

b) Wie viele Besucher sind es am Mittwoch Vormittag?
c) Wie viele Besucher sind es am Mittwoch Nachmittag?
d) Wie viele Besucher sind es insgesamt am Mittwoch?

2 Lies aus dem Schaubild die Besucher am Sonntag ab.

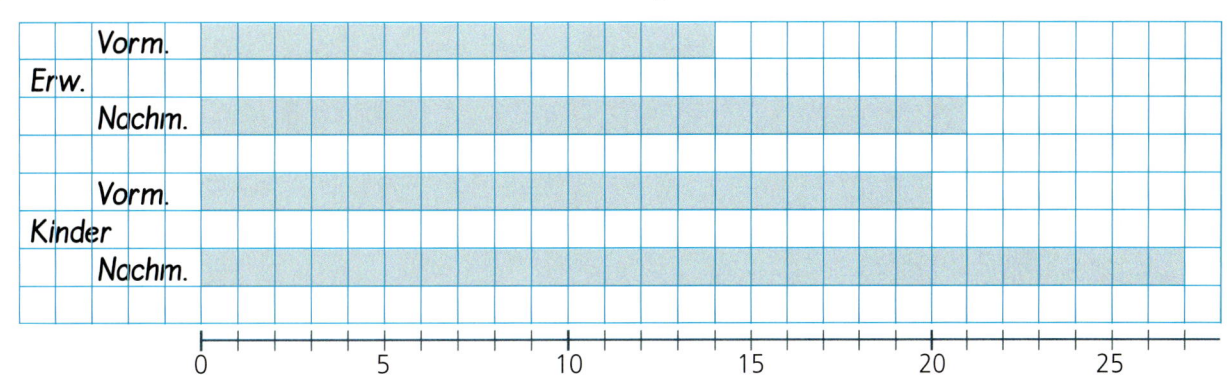

a) Wie viele Erwachsene sind es am Vormittag, am Nachmittag?
b) Wie viele Kinder sind es am Vormittag, am Nachmittag?
c) Wie viele Besucher sind es insgesamt?

Minigolf Park

Öffnungszeiten
Mo–Fr 10.00–17.00
Sa 11.00–20.30
So 11.00–18.30

Eintritt
Kinder 8 €
Erw. 11 €
Familien 25 €

Pommes 2,50 € Eis 2 € Kaffee 1,50 €

3 Ben trifft sich am Sonntag um 14.00 Uhr mit seinen sieben Freunden zur Geburtstagsfeier im Minigolf-Park. In wie viel Stunden schließt der Park?

4 Bens Mutter kauft für Ben und seine Freunde Eis. Sie bezahlt mit einem 20-€-Schein.

5 Bens Freunde meinen: „Der Eintritt kostete für alle bestimmt viel Geld!"

6 Um 17.30 Uhr gehen Bens Freunde wieder nach Hause. Wie lange waren sie im Minigolf-Park?

7 Schreibe eigene Rechengeschichten.

Kombinieren

1 Kaja hat zu ihrer Geburtstagsfeier vier Kinder eingeladen.
Die Kinder kommen nacheinander: Ahmed, Lisa, Elena und Timo.
Zur Begrüßung schütteln sich die Kinder die Hände.
Wie oft werden die Hände geschüttelt?

2 Zu Beginn der Feier gibt es ein Glas Saft. Alle Kinder stoßen miteinander an.
a) Wie oft stößt jedes Kind an?
b) Wie oft klingen die Gläser?

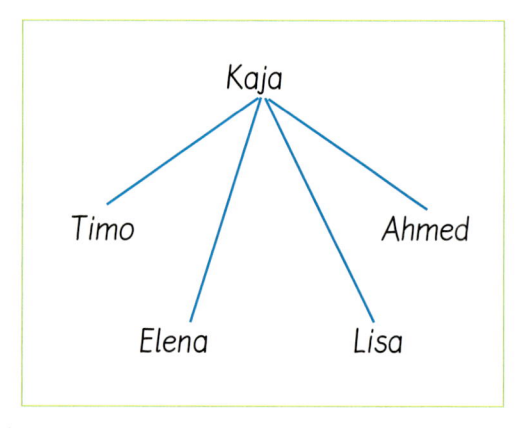

3 Die Gläser klingen genauso oft, wie sich die Kinder die Hände schütteln.
Kaja sagt: „Das muss auch so sein." Was meint sie?

4 Kajas Mama kommt herein. „Nun stoßen wir alle sechs noch einmal miteinander an."
Wie oft klingen die Gläser?

5 Für ein Spiel werden eine Zweiergruppe und eine Dreiergruppe gebildet.
a) Kaja spielt immer in einer Dreiergruppe.
Wie viele Möglichkeiten gibt es für die Dreiergruppe?
Wie viele Möglichkeiten gibt es für die Zweiergruppe?
b) Wie viele Möglichkeiten gibt es, wenn Kaja immer in einer Zweiergruppe spielt?

Miniprojekt: Jugendherberge

Fahrt zur Jugendherberge

Hinfahrt:	14. Juni um 8.30 Uhr
Dauer der Busfahrt:	2 Stunden
Fußweg bis zur Jugendherberge:	15 Minuten
Rückfahrt:	18. Juni um 10.00 Uhr

Familie Kahn
Familie Ernst
Familie Ring

1 Vor der Fahrt haben die Kinder viele Fragen. Kannst du alle Fragen beantworten?

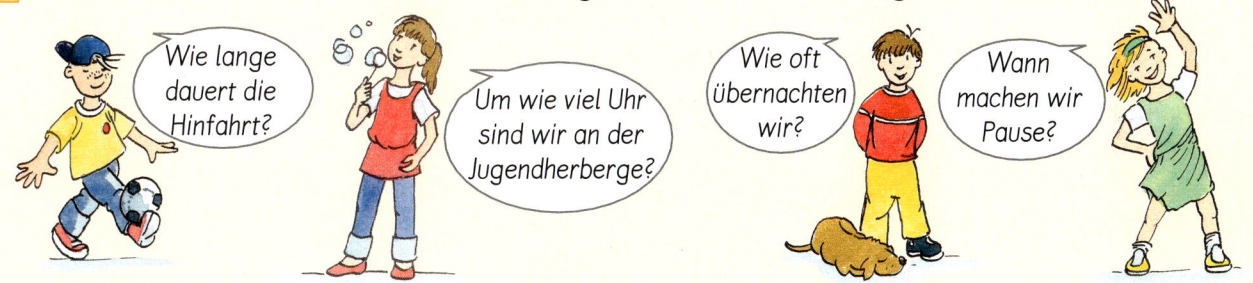

- Wie lange dauert die Hinfahrt?
- Um wie viel Uhr sind wir an der Jugendherberge?
- Wie oft übernachten wir?
- Wann machen wir Pause?

2 Welche Fragen kannst du stellen? Kannst du sie beantworten?

a) Die Familien Kahn, Ernst und Ring kommen zur Bushaltestelle. Dort warten bereits zwölf Personen.

b) Der Bus kommt! Im Bus sitzen 18 Fahrgäste. Der Bus hat Platz für 50 Personen.

3 Die Busfahrkarte für ein Kind kostet 9 €, für einen Erwachsenen 15 €.

a) Wie viel Geld muss Familie Kahn bezahlen?
b) Wie viel Geld muss Familie Ernst bezahlen?
c) Wie viel Geld muss Familie Ring bezahlen?

a) Familie Kahn	
Kinder:	___ €
Erwachsene:	___ €
zusammen:	___ €

4 Auf dem Hinweg steht der Bus eine halbe Stunde im Stau. Um wie viel Uhr kommen die Familien in der Jugendherberge an?

5 Endlich angekommen! In der Jugendherberge kaufen sich die Kinder sofort Postkarten. An der Kasse stehen fünf Kinder in der Reihe. Eva steht ganz hinten. Ben steht hinter Jan und vor Anna. Tom steht vor Eva und hinter Anna. Schreibe auf, in welcher Reihenfolge die Kinder anstehen. Eine Tabelle kann dir helfen.

1.	2.	3.	4.	5.
___	___	___	___	Eva

6 Warteschlange am Eisstand.

a) Ben steht an 2. Stelle, Hannah steht an 7. Stelle. Wie viele Kinder stehen zwischen den beiden?

b) Zwischen Hannah und Lucas stehen noch vier Kinder. An welcher Stelle steht Lucas?

Rechennetzwerk bis 100

Einmaleinsreihen in der Hundertertafel.

Das gibt schöne Muster.

1 a) Lege mit roten Plättchen die Zahlen der Sechser-Reihe.
b) Gehe auch über 60, immer 6 dazu. Schreibe die Zahlen in dein Heft.

2 a) Lege mit blauen Plättchen die Zahlen der Dreier-Reihe, die nicht zur Sechser-Reihe gehören. Schreibe sie auf.
b) Gehe auch über 30.

3 a) Lege mit roten Plättchen in der Hundertertafel die Zahlen der Achter-Reihe.
b) Welche Zahlen der Vierer-Reihe gehören auch zur Achter-Reihe. Schreibe sie auf.
c) Lege mit blauen Plättchen die Zahlen der Vierer-Reihe, die nicht zur Achter-Reihe gehören. Gehe auch über 40.

4 Zeige alle geraden Zahlen in der Hundertertafel. Was fällt auf?

5 Welche Einmaleinsreihen sind es?
a) b) 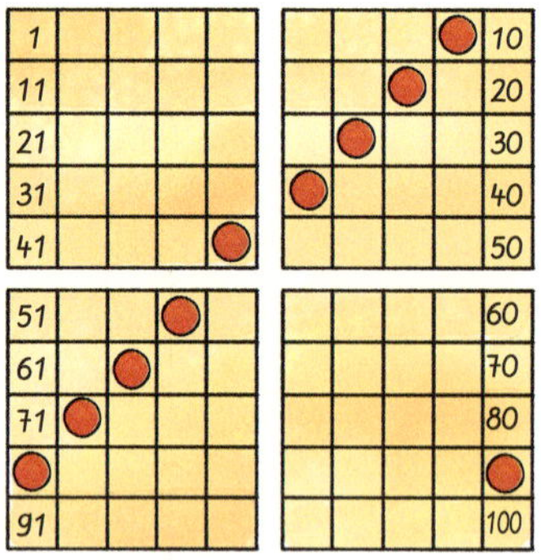 c)

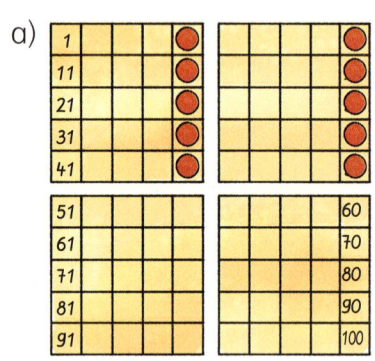

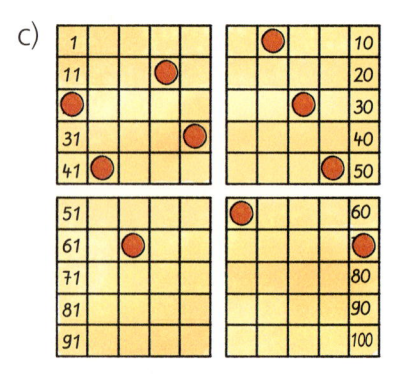

d) Setze die Muster fort. Schreibe die Zahlen auf.

6 Wie heißen die Zahlen? Schreibe sie auf.
a) Sie sind gerade und gehören zur Dreier-Reihe.
b) Sie sind ungerade und gehören zur Fünfer-Reihe.
c) Sie sind gerade und gehören zur Neuner-Reihe.
d) Sie sind ungerade und gehören zur Siebener-Reihe.

Verdoppeln und halbieren

1 a) "Zwei Hefte bitte." 35 ct
b) "Band 1 und Band 2." Jeder Band 17 €

2 Immer das Doppelte. Schreibe als Plus-Aufgabe oder als Mal-Aufgabe.

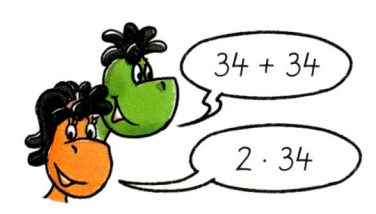

34 + 34
2 · 34

a) 34	b) 39	c) 41	d) 47	e) 17
18	23	36	33	38
45	19	48	46	28
26	27	35	25	52

3
a) 2 · 50   b) 2 · 15   c) 2 · 22   d) 2 · 26   e) 2 · 51
   2 · 30   2 · 13   2 · 42   2 · 35   2 · 55
   2 · 32   2 · 17   2 · 32   2 · 49   2 · 60

4 Immer das Doppelte: 5   10   15   20   25   30   35   40   45   50

5 Stimmt das?

a) Die Hälfte von 30 ist 15.
b) Die Hälfte von 50 ist 25.
c) Die Hälfte von 80 ist 45.
d) Die Hälfte von 20 und die Hälfte von 40 sind zusammen 30.
e) Die Hälfte von 40 und die Hälfte von 50 sind zusammen 60.
f) Wenn ich die Hälfte von 100 halbiere, erhalte ich 25.

g) Denke dir weitere Zahlengeschichten für deine Mitschüler aus.

6

Zahl	20		24			30			36
Die Hälfte		11		13	14		16	17	

7 Stimmt das? Finde die sechs Fehler.

a) 60 − 27 = 33
   84 − 36 = 58
   26 + 46 = 72
   41 + 33 = 47

b) 9 · 3 = 24
   16 : 2 = 8
   6 · 7 = 42
   48 : 8 = 8

c) 7 · 4 + 20 = 48
   9 · 8 − 20 = 62
   3 · 8 − 40 = 16
   6 · 5 + 50 = 80

Ergänzen

1 So rechnen die Kinder.

54 + ___ = 87

Karim: 54 →(+30)→ 84 →(+3)→ 87

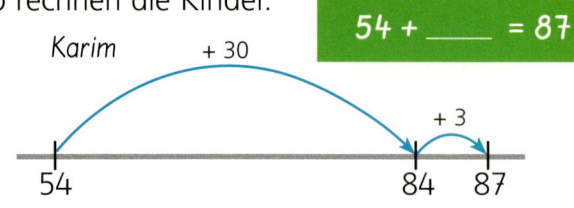

Leonie: 54 →(+6)→ 60 →(+27)→ 87

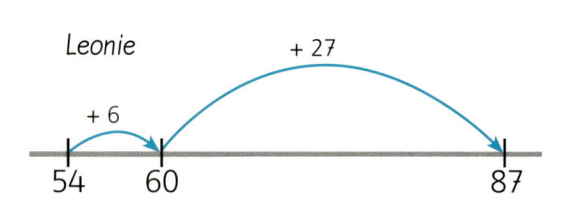

2 Wie rechnest du? Löse am Rechenstrich.

a) 43 + ___ = 76
24 + ___ = 58
32 + ___ = 85
54 + ___ = 66

b) 23 + ___ = 87
24 + ___ = 59
45 + ___ = 68
33 + ___ = 58

c) 52 + ___ = 96
34 + ___ = 79
26 + ___ = 67
42 + ___ = 76

d) 24 + ___ = 66
14 + ___ = 57
62 + ___ = 99
36 + ___ = 78

12   23   25   33   34   34   35   37   39   41   42   42   43   44   45   53   64

3

46 + ___ = 74

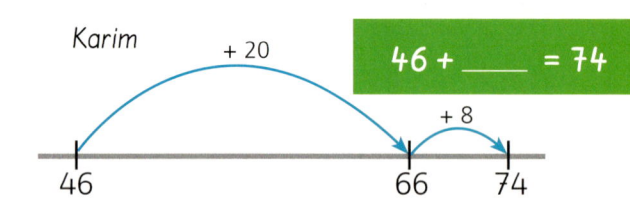

Karim: 46 →(+20)→ 66 →(+8)→ 74

Jana: 46 →(+30)→ 76 →(−2)→ 74

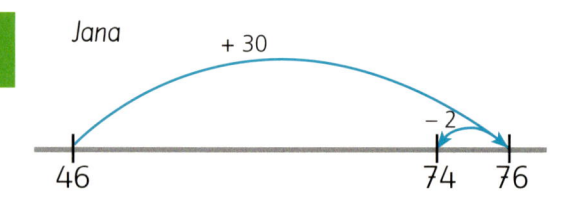

4
a) 28 + ___ = 52
36 + ___ = 84
45 + ___ = 63
64 + ___ = 83

b) 69 + ___ = 92
49 + ___ = 66
39 + ___ = 78
59 + ___ = 93

c) 58 + ___ = 83
37 + ___ = 64
57 + ___ = 71
24 + ___ = 63

d) 38 + ___ = 66
76 + ___ = 92
47 + ___ = 94
55 + ___ = 73

14   16   17   18   18   19   23   24   25   26   27   28   34   39   39   47   48

5
a) 46 + ___ = 68
53 + ___ = 72
19 + ___ = 91
72 + ___ = 75

b) 38 + ___ = 54
23 + ___ = 75
44 + ___ = 82
28 + ___ = 64

c) 41 + ___ = 82
36 + ___ = 72
27 + ___ = 54
84 + ___ = 92

d) 22 + ___ = 44
47 + ___ = 94
34 + ___ = 68
58 + ___ = 92

6 Wie groß ist der Unterschied? Wie rechnet Zahlix, wie rechnet Zahline?

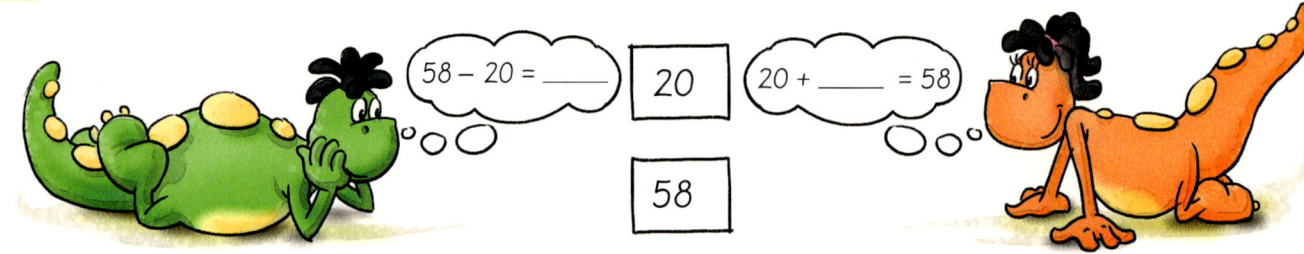

58 − 20 = ___   20   20 + ___ = 58

58

7 Bestimme den Unterschied. Schreibe als Minus-Aufgabe oder als Ergänzungsaufgabe.

a) 40 63
b) 30 59
c) 60 94
d) 47 90
e) 24 60

8
a) 14 36
b) 72 97
c) 38 61
d) 58 92
e) 33 103

Subtrahieren durch Abziehen oder Ergänzen

1

Tafel: 72 − 69

Maike: 69 + 3 = 72, also 72 − 69 = 3
Sven: 72 − 3 = 69, also 72 − 69 = 3
Lisa: Der Unterschied ist 3, also 72 − 69 = 3
Steffi: Zahlenstrahl mit −9 und −60, Punkte 3, 12, 72

2 Rechne auf deinem Weg.

a) 87 − 85   b) 57 − 52   c) 31 − 29   d) 42 − 39   e) 92 − 88
   89 − 84   55 − 51   32 − 28   61 − 58   93 − 87
   86 − 83   58 − 54   34 − 29   71 − 67   91 − 85

3 a) 88 − 78   b) 96 − 94   c) 82 − 68   d) 56 − 55   e) 67 − 47
      74 − 70   35 − 18   75 − 35   96 − 85   41 − 38
      77 − 62   44 − 14   54 − 49   93 − 62   83 − 33

1   2   3   4   5   10   11   14   15   17   19   20   30   31   40   50

4 a) 81 83 79 − 78 76 16   b) 62 43 55 − 42 39 18

5 a) Zahlenmauer — 14 + 7 = 21

Mauer: 21 / 14 7 4 16

b) 16 14 7 4
c) 14 7 16 4
d) 7 16 4 14
e) 7 4 14 16

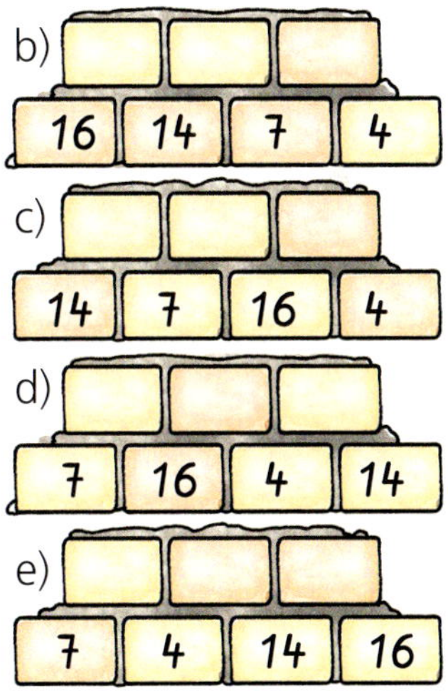

f) Unten stehen immer dieselben Zahlen, oben immer eine andere Zahl. Es gibt noch eine Mauer mit denselben Zahlen unten und einer anderen Zahl oben. Findest du sie?

6

Mauer 1: 42 / 30 28 23 / 12 _ _ _
Mauer 2: 47 / 28 25 _ / _ _ 13 _

7

Mauer: 100 / 49 _ / _ 22 _ / _ _ _ _

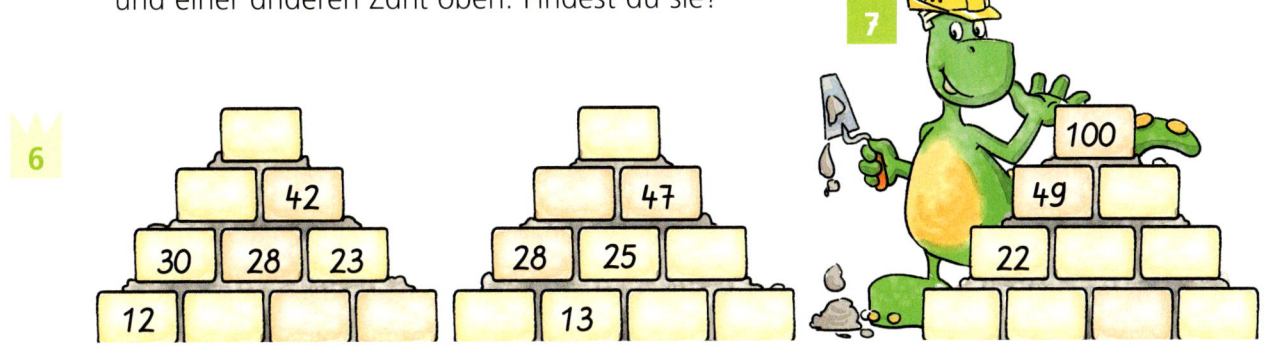

5 bis 7 Zahlenmauer-Regel: Zwei benachbarte Zahlen addieren, die Summe in der Mitte darüber notieren.

Dividieren mit Rest

Gerecht verteilen.

Einkaufen
12 Würstchen
16 Ballons
24 Sticker
27 Lutscher
18 Mohrenköpfe
30 Murmeln
14 Fähnchen

1 Verteile gerecht.

a) 12 Würstchen an sechs Kinder.

F: Wie viele Würstchen bekommt jedes Kind?
L: 12 : 6 =
A: ___ Würstchen bekommt jedes Kind.

b) 16 Ballons an sechs Kinder.

F: Wie viele Ballons bekommt jedes Kind?
L: 16 : 6 = ___ Rest ___
A: ___ Ballons bekommt jedes Kind.
___ Ballons bleiben übrig.

2 Verteile die eingekauften Dinge immer an sechs Kinder.

3 Schreibe selbst weitere Geburtstag-Geschichten. Verteile gerecht.

4 Verteile gerecht:
a) 24 Sticker an 4 Kinder
b) 24 Sticker an 8 Kinder
c) 24 Sticker an 3 Kinder
d) 30 Bilder an 5 Kinder
e) 30 Bilder an 10 Kinder
f) 30 Bilder an 6 Kinder

5 a) 18 : 4 = 4 Rest 2
18 : 5 = ___ Rest ___

b) 25 : 4
25 : 9
25 : 8
25 : 7

c) 32 : 6
32 : 5
32 : 9
32 : 7

d) 35 : 4
35 : 6
35 : 8
35 : 9

e) 48 : 9
48 : 6
48 : 5
38 : 7

6 (10, 20, 30, 40, 50, 60)

a) Teile durch 6. Bei welchen Zahlen bleibt kein Rest?
b) Teile durch 7. Die Reste sind immer verschieden.
c) Teile durch 8.
d) Teile durch 9. Was fällt dir an den Resten auf?

7 Vater hat eine Pizza gebacken und sie in 20 Stücke geschnitten.
Verteile die Pizza an sechs Kinder und zwei Erwachsene.

Kreative Aufgaben: Malifant

·	2	3	
5	10	15	25
4	8	12	20
	18	27	45

Erst die Mitte: 5 · 2 = 10   5 · 3 = 15
Mal-Aufgaben   4 · 2 = 8   4 · 3 = 12
lösen

Dann der Rand: 10 + 15 = 25   10 + 8 = 18
Plus-Aufgaben   8 + 12 = 20   15 + 12 = 27
lösen

Fußzahl testen   25 + 20 = 45   18 + 27 = 45

1

a)
·	2	4
3		
6		

b)
·	4	2
8		
4		

c)
·	3	7
4		
5		

2

a)
·	3	6
3		
4		

b)
·	8	2
9		
2		

c)
·	7	6
7		
3		

3

a)
·	8	
3		6
6		

b)
·		3
5		
4	28	

c)
·	6	
2		
7		28

4

a)
·		
	35	77
2		

b)
·		5
	30	
		44
	54	

c)
·		
	21	49
	36	

Formen und Symmetrien

1 Stelle mit dem Spiegel her.
- a) mehr Schilf
- b) zwei Boote
- c) einen langen Bach
- d) neue Tannen
- e) weniger Blumen
- f) drei Holzstämme
- g) zwei kurze Holzstämme
- h) zwei lange Holzstämme
- i) sechs Vögel
- j) zwei Vögel
- k) zwei Hasen

2 Stellt euch gegenseitig weitere Aufgaben.

3 Welche Bilder kannst du mit dem Spiegel sehen?

a)

b)   c)

d)   e)

Symmetrische Figuren

1 Viele Bilder sind symmetrisch.
Prüfe mit dem Spiegel.
Die Linie, auf der der Spiegel steht, heißt Spiegelachse.
Manche Dinge haben mehrere Spiegelachsen.

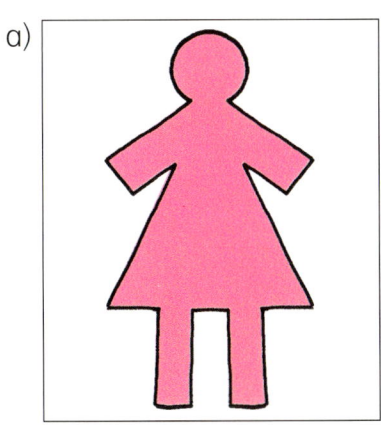

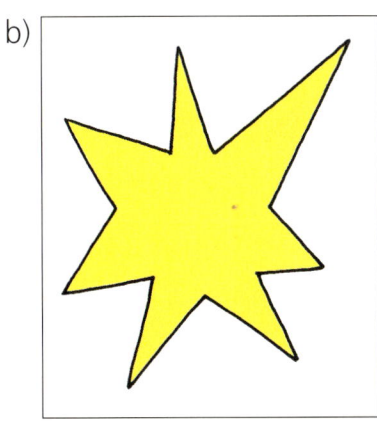

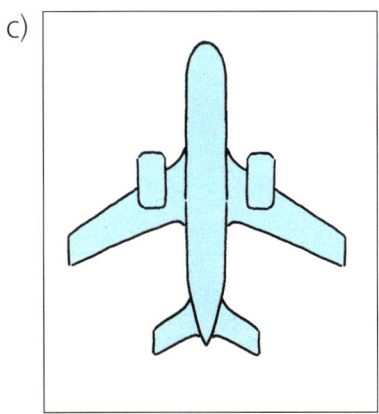

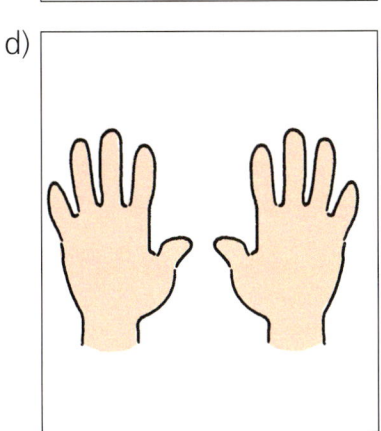

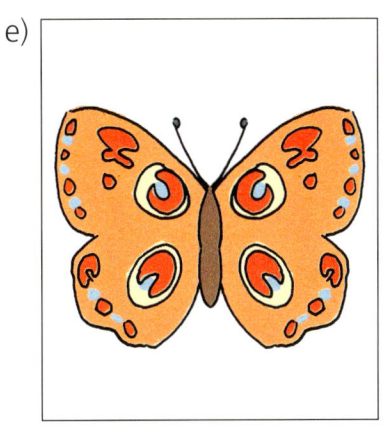

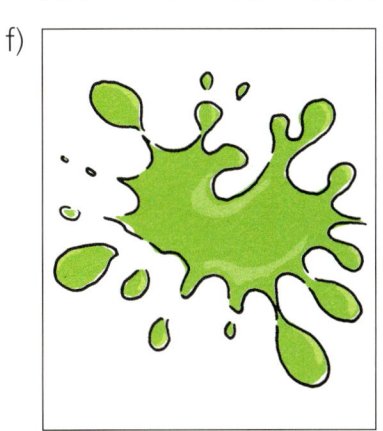

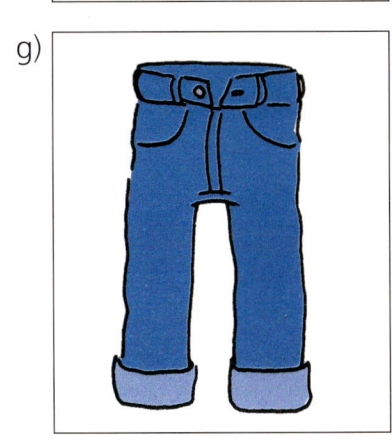

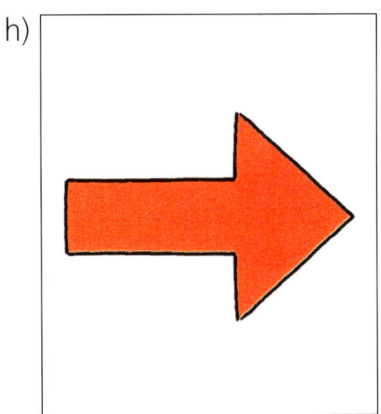

a) b) c)

d) e) f)

g) h) i)

2 Übertrage die Figuren in dein Heft, dann zeichne Spiegelachsen in deine Figuren ein.
Wie viele Spiegelachsen findest du?

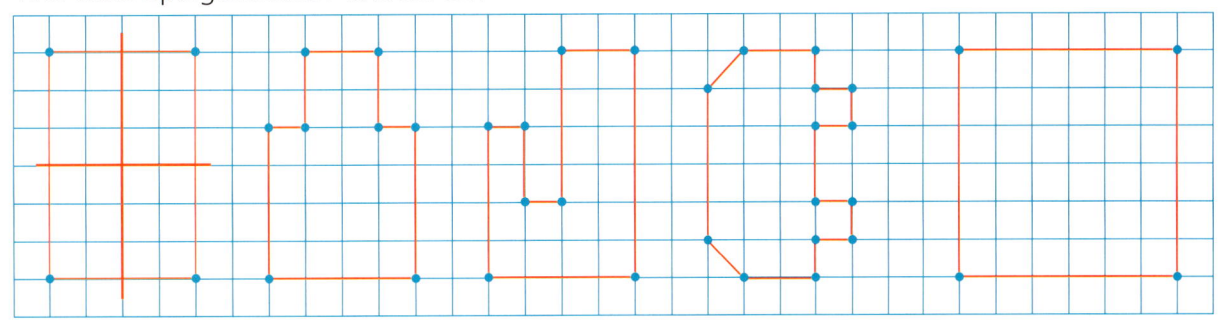

3 Male eigene Spiegelfiguren in dein Heft und zeichne die Spiegelachse ein.

130 **Spiegelbilder und Spiegelschrift**

1 Sind diese Spiegelbilder richtig oder falsch gemalt?
a) b) c) d)

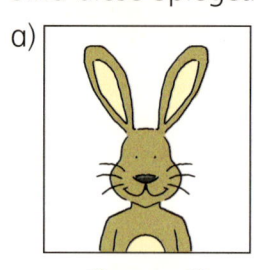

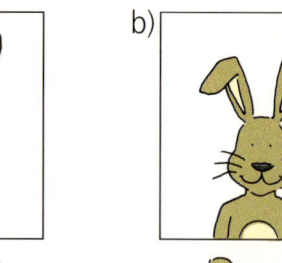

2 Kannst du die Wörter lesen? Warum sind die Wörter in Spiegelschrift geschrieben?
a) b) c)

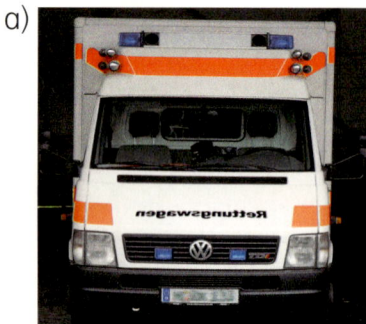

3 a) Welche der Buchstaben haben eine Spiegelachse? Welche haben zwei?

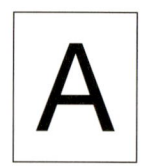

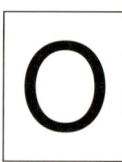

M E H N A Z O

b) Findest du noch andere achsensymmetrische Buchstaben?

4 Wie heißen die Kinder? Mit dem Spiegel kannst du es lesen.
a) HEIKE BUCK b) BODO DICK c) HEIDI KOCH

5 Kannst du die Botschaften lesen? Wie musst du hier spiegeln?
a) b)

131

1 Spanne nach.
Dein Partner spannt das Spiegelbild.
Prüft mit dem Spiegel.

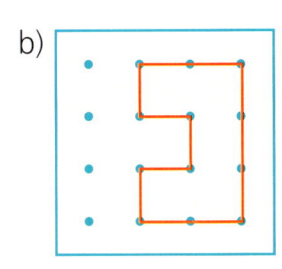

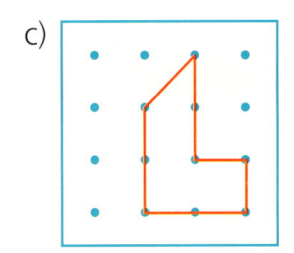

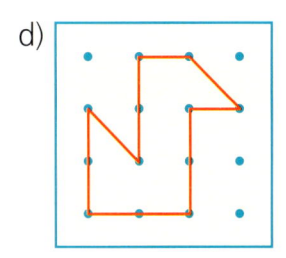

a)   b)   c)   d)

2 Spanne und zeichne auf Karopapier. Dann spanne und zeichne auch das Spiegelbild.

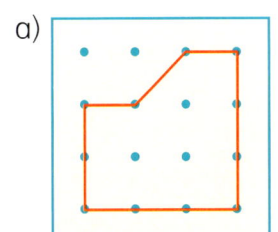

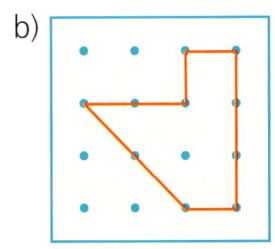

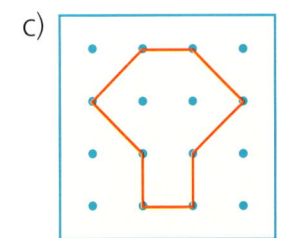

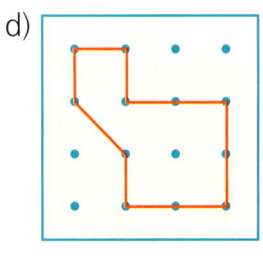

a)   b)   c)   d)

3 Welche Bilder sind Spiegelbilder? Prüfe mit dem Spiegel.

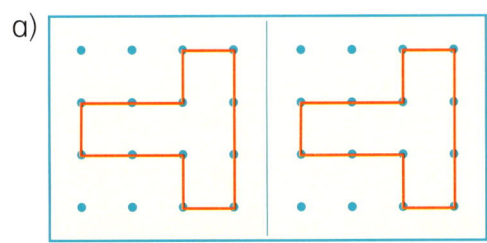

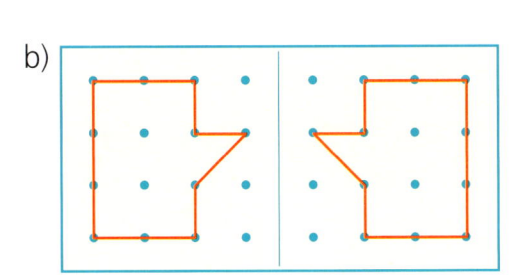

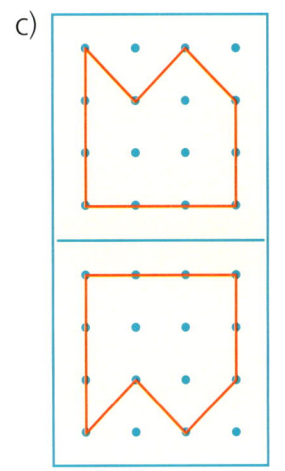

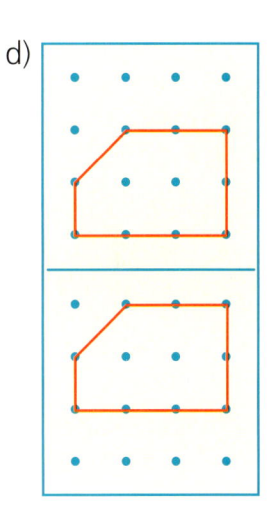

a)

b)

c)

d)

4 Spanne ein Dreieck und zeichne es auf Karopapier.
Dann spanne und zeichne auch das Spiegelbild. Der Spiegel steht a) rechts,   b) unten.

5 An welche Stelle wurde der Spiegel gestellt?

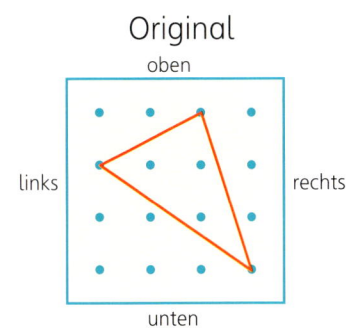

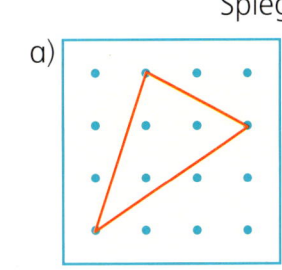

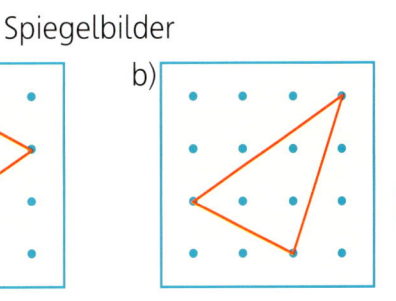

Original
oben
links   rechts
unten

Spiegelbilder
a)   b)

Spiegel links oder rechts? Was stellst du fest?

132 Symmetrische Muster legen

1 Für die Aufgaben auf dieser Seite brauchst du die angekreuzten Plättchen.

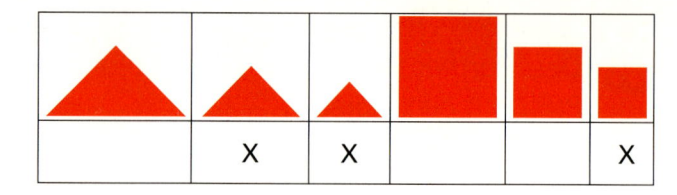

Teilnehmer: 2 Kinder
Material: Spielfeld, geometrische Formen
Spielidee: Achsensymmetrische Bilder herstellen

Ein Kind legt eine Figur auf das Spielfeld. Der Partner legt die spiegelbildliche Figur.
Mit dem Spiegel wird überprüft. Dann wechselt euch ab.

2 Lege mit diesen Plättchen symmetrische Figuren.

a) 2 2 4
a)
b) 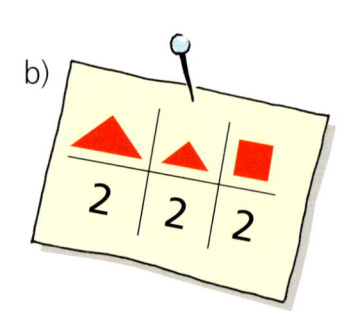 2 2 2
c) 4 4 2
d) 2 2 1
e) 4 2 4

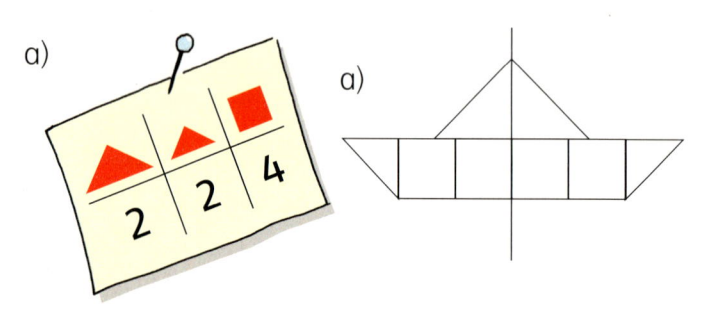

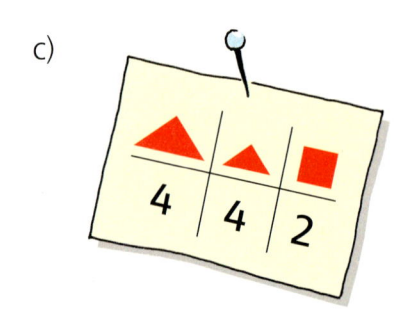

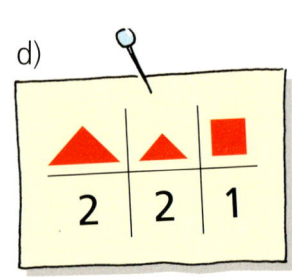

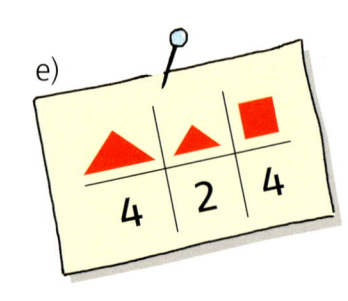

3 a) Lege die linke Hälfte, dann spiegele und lege die passende rechte Hälfte.
b) Vergleiche mit den Bildern im Buch. Welche Figuren sind symmetrisch?

① ② 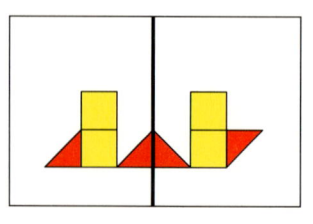 ③ 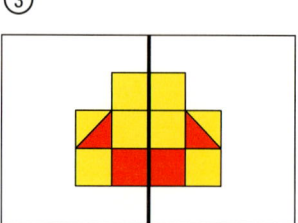
④ 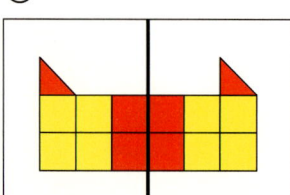 ⑤ 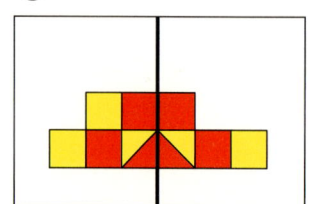 ⑥

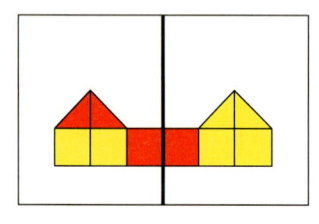

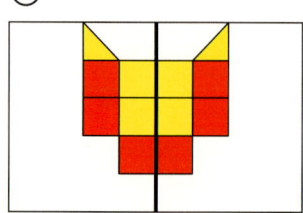

1 Lege immer ein Plättchen anders.

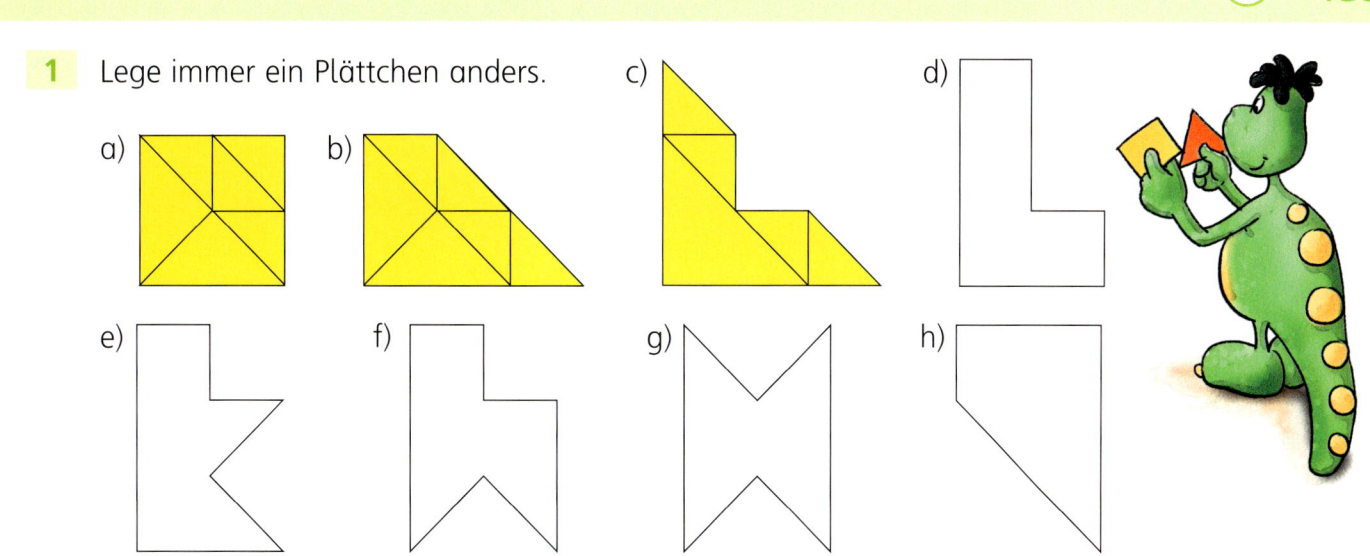

a) b) c) d)

e) f) g) h)

2 Benutze acht kleine Dreiecke. kannst du alle Figuren legen?

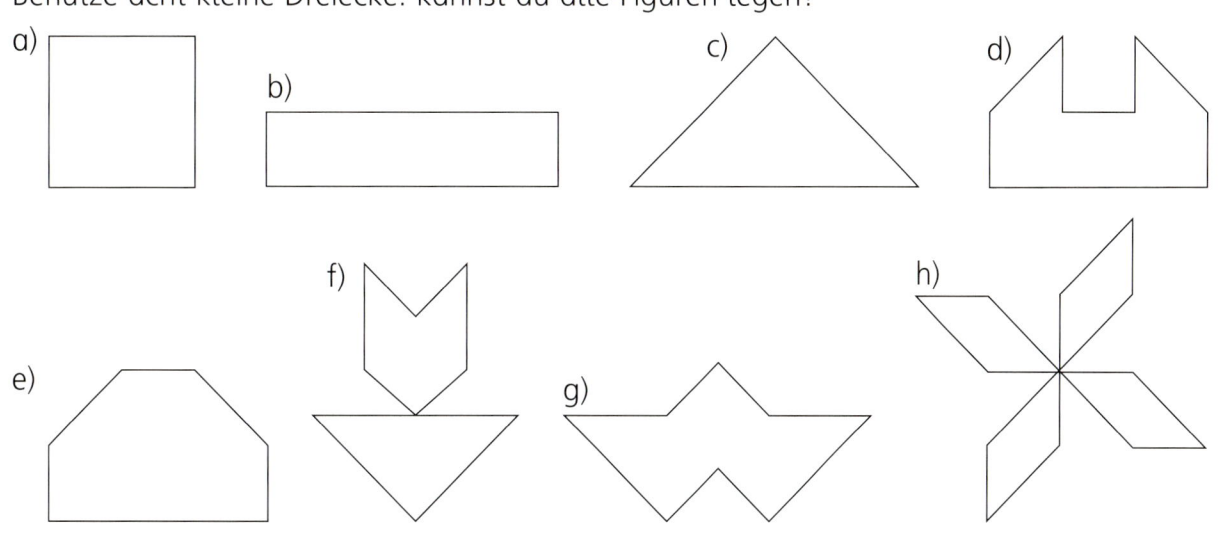

a) b) c) d)

e) f) g) h)

3 Lege immer erst die rote Figur, dann lege zwei Plättchen anders.
Zwei Figuren kannst du nicht legen.

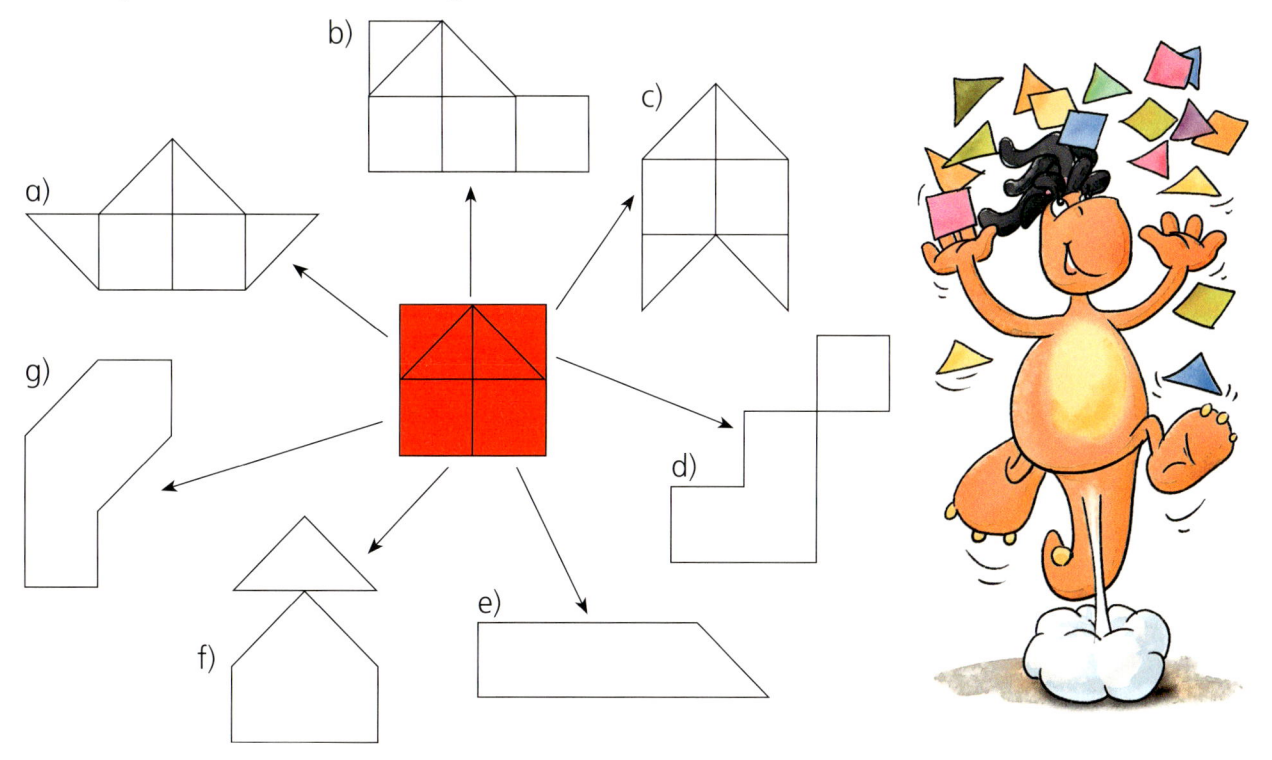

a) b) c) d) e) f) g)

Bausteine des Wissens und Könnens

Plus- und Minusaufgaben bis 20 auswendig wissen

Addiere 5 und 7.
Die **Summe** ist 12.
$5 + 7 = 12$

Subtrahiere 12 und 7.
Die **Differenz** ist 5.
$12 - 5 = 7$

Den Zahlenraum bis 100 kennen

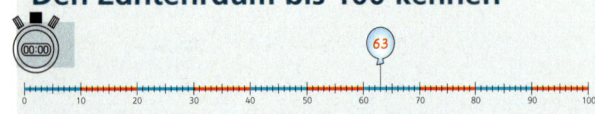

63
0 10 20 30 40 50 60 70 80 90 100

Zahlen auf dem Zahlenstrahl und in der Hundertertafel zeigen und ablesen

(Hundertertafel mit 63 markiert)

Vorwärts und rückwärts zählen in Einerschritten und in Zehnerschritten

63, 62, 61, 60, 59, …
24, 34, 44, 54, 64, …

Nachbarzahlen bestimmen

Vorgänger	Zahl	Nachfolger
62	63	64

Benachbarte Zehner bestimmen

60   63   70

Gerade und ungerade Zahlen unterscheiden

gerade   60 62 64 66 68

ungerade   61 63 65 67 69

Diese Aufgaben sollen die Kinder auswendig wissen oder automatisiert lösen können.

Zahlen der Größe nach vergleichen

27 < 54   27 ist kleiner als 54

63 > 36   63 ist größer als 36

Zahlen zerlegen in Zehner und Einer

36 = 3 Z + 6 E   63 = 6 Z + 3 E

Zehnerzahlen addieren, subtrahieren und ergänzen

30 + 50   36 + 50   36 + ___ = 86
60 – 40   63 – 40   63 – ___ = 23

Innerhalb eines Zehners addieren, subtrahieren und ergänzen

34 + 5   34 + ___ = 39   34 + ___ = 40
67 – 4   67 – ___ = 63   67 – ___ = 60

Einstellige Zahlen mit Zehnerübergang addieren und subtrahieren

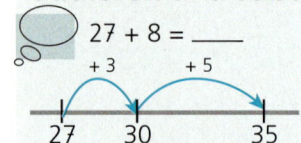

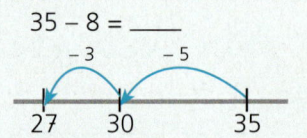

27 + 8 = ___   35 – 8 = ___
  + 3   + 5   – 3   – 5
27 30 35   27 30 35

Zweistellige Zahlen addieren und subtrahieren

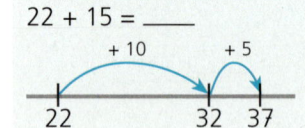

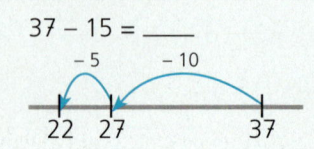

22 + 15 = ___   37 – 15 = ___
  + 10 + 5   – 5   – 10
22   32 37   22   27   37

Helferaufgaben nutzen

Tauschaufgabe

7 + 85 = ___   85 + 7 = 92

Leichte Nachbaraufgabe

57 + 29 = ___   57 + 30 = 87
                      dann 1 weniger

86 – 29 = ___   86 – 30 = 56
                      dann 1 mehr

Diese Aufgaben sollen die Kinder mit guten Strategien rechnen.

Sonnen-Aufgaben des Einmaleins auswendig wissen

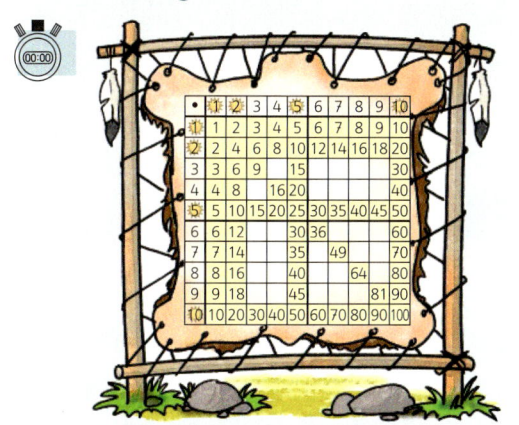

	1	2	3	4	5	6	7	8	9	10
1	1	2	3	4	5	6	7	8	9	10
2	2	4	6	8	10	12	14	16	18	20
3	3	6	9		15					30
4	4	8		16	20					40
5	5	10	15	20	25	30	35	40	45	50
6	6	12			30	36				60
7	7	14			35		49			70
8	8	16			40			64		80
9	9	18			45				81	90
10	10	20	30	40	50	60	70	80	90	100

Von den Sonnen-Aufgaben zu den Nachbaraufgaben

a) ☀2 · 7   b) 4 · 7   c) ☀10 · 7   d) 6 · 7
    3 · 7   ☀5 · 7   9 · 7   ☀7 · 7
            6 · 7   8 · 7

Verdoppeln und Halbieren

Verdoppeln

3	8	20	25
6	16	40	50

↑ Halbieren

Verwandte Aufgaben

Aufgabe und Tauschaufgabe

4 · 8 = 32   8 · 4 = 32

Aufgabe und Umkehraufgabe

4 · 8 = 32   32 : 8 = 4

Vier verwandte Aufgaben

8 · 4 = 32
4 · 8 = 32
32 : 4 = 8
32 : 8 = 4

6 · 6 = 36
36 : 6 = 6

Geld

Ein Euro hat 100 Cent.
1 € = 100 ct.

Uhrzeit

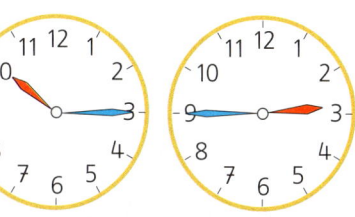

morgens	vormittags	nachmittags
6.30 Uhr	10.15 Uhr	14.45 Uhr
abends	nachts	nachts
18.30 Uhr	22.15 Uhr	2.45 Uhr

Ein **Tag** hat 24 Stunden.
Eine **Stunde** hat 60 Minuten.   1 h = 60 min
Eine **Minute** hat 60 **Sekunden.**   1 min = 60 s

Kalender

2010

Mai

Dienstag, 4. Mai 2010

Eine **Woche** hat 7 Tage.
Ein **Monat** hat 28 (29) oder 30 oder 31 Tage.
Ein **Jahr** hat 12 **Monate**.

Mo	3 10 17 24 31
Di	④ 11 18 25
Mi	5 12 19 26
Do	6 13 20 27
Fr	7 14 21 28
Sa	1 8 15 22 29
So	2 9 16 23 30

Geometrie

Rechtecke   Dreieck   Kreis

Quadrat

Quader   Kugel

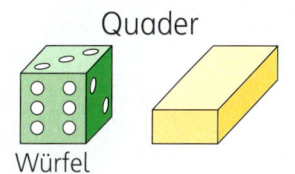

Würfel

Zahlen ABC

0
B

1	2	3	4	5	6	7	8	9	10
H	O	A	L	E	I	S	T	M	N

11	12	13	14	15	16	17	18	19	20
R	G	F	S	T	E	K	A	D	U

21	22	23	24	25	26	27	28	29	30
C	L	P	A	R	N	D	N	H	O

31	32	33	34	35	36	37	38	39	40
V	N	U	E	T	N	S	D	I	P

41	42	43	44	45	46	47	48	49	50
B	M	S	T	H	A	I	E	T	F

51	52	53	54	55	56	57	58	59	60
D	F	K	L	Ä	S	W	H	C	M

61	62	63	64	65	66	67	68	69	70
R	Ö	K	G	D	S	I	V	N	P

71	72	73	74	75	76	77	78	79	80
U	N	W	E	L	G	H	Ü	R	V

81	82	83	84	85	86	87	88	89	90
T	U	C	R	A	T	I	Z	X	W

91	92	93	94	95	96	97	98	99	100
T	D	I	O	H	R	M	I	Q	Z

101
J

Merktafel

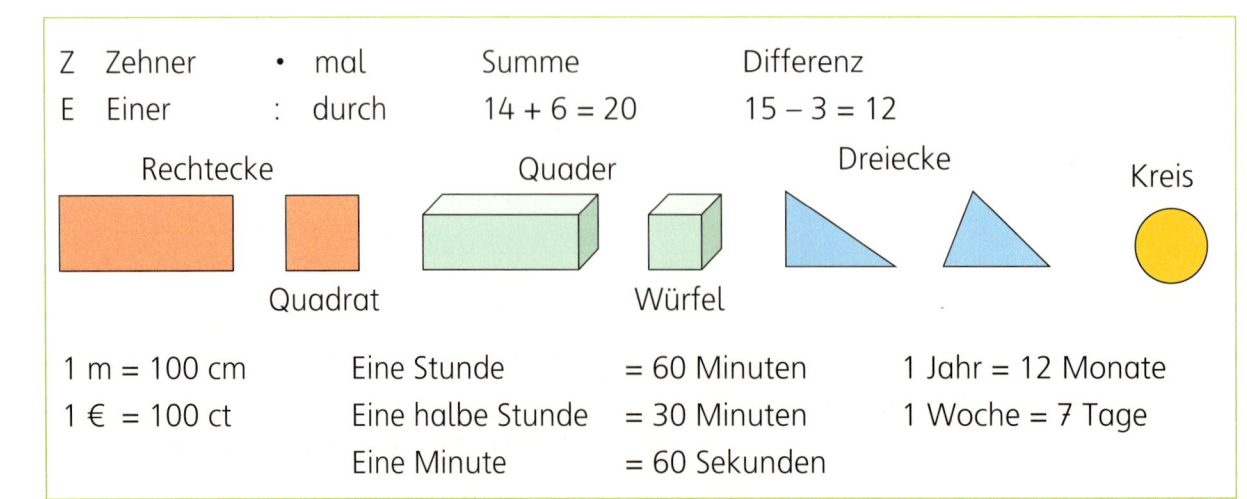

Z	Zehner	• mal	Summe	Differenz
E	Einer	: durch	14 + 6 = 20	15 − 3 = 12

Rechtecke   Quader   Dreiecke   Kreis

Quadrat   Würfel

1 m = 100 cm   Eine Stunde = 60 Minuten   1 Jahr = 12 Monate
1 € = 100 ct   Eine halbe Stunde = 30 Minuten   1 Woche = 7 Tage
              Eine Minute = 60 Sekunden